무엇이 CEO를 만드는가

무엇이 CEO를 만드는가

1판 1쇄 인쇄 2015. 3. 13.
1판 1쇄 발행 2015. 3. 20.

지은이 서우경

발행인 김강유
책임 편집 강미선
책임 디자인 길하나
마케팅 김용환, 고은미, 박치우, 박제연, 백선미, 김새로미, 이헌영
제작 김주용, 박상현
제작처 민언프린텍, 금성엘엔에스, 정문바인텍

발행처 김영사
등록 1979년 5월 17일(제406-2003-036호)
주소 경기도 파주시 문발로 197(문발동) 우편번호 413-120
전화 마케팅부 031)955-3100, 편집부 031)955-3250
팩스 031)955-3111

값은 뒤표지에 있습니다.
ISBN 978-89-349-7035-4 03320

독자 의견 전화 031)955-3200
홈페이지 www.gimmyoung.com
이메일 bestbook@gimmyoung.com

좋은 독자가 좋은 책을 만듭니다.
김영사는 독자 여러분의 의견에 항상 귀 기울이고 있습니다.

이 도서의 국립중앙도서관 출판시도서목록(CIP)은 서지정보유통지원시스템 홈페이지
(http://seoji.nl.go.kr)와 국가자료공동목록시스템(http://www.nl.go.kr/kolisnet)에서
이용하실 수 있습니다.(CIP제어번호 : CIP2015006207)

사 람 을 얻 고 조 직 을 살 리 는 C E O 감 정 코 칭

무엇이 CEO를 만드는가

서우경 지음

김영사

차례

4장

진짜 중요한 것을 아는 CEO

"당신에게 가장 중요한 것은 무엇인가"

코칭의 핵심은 질문이다. 코칭전문가로 살아오면서 성공한 CEO들에게 수많은 질문을 던졌다. 그중에서도 "당신에게 가장 중요한 것은 무엇인가?"라는 질문을 가장 많이 던진 것 같다. 답변은 제각각이었지만 공통점이 하나 있었다. '재산財産보다 자산資産'을 더 중요하게 여긴다는 것. 그들은 경제적 가치가 있는 유형의 재산보다 소중히 여길만한 가치가 있는 무형의 자산을 선택했다. 기업의 생존을 위해서 경제지표와 매출에 몰두하지만 더 깊은 심중에는 자신의 가치나 신념, 가족, 행복, 관계 등 비물질적인 가치들이 있었던 것이다.

한 대기업 CEO와 코칭을 했을 때 이야기다. 그 CEO가 내놓은 첫 주제가 '보다 중요한 가치 찾기'였다. 의외였다. 늘 치열하게 성공만을 좇고 살아온 분이라 눈에 보이는 성과 위주의 주제를 내놓으리라고 생각했는데 뜻밖에도 가치경영에 관심이 있었다. 결국 기업이 추구하는 것이 이윤이라고 하지만, 이제는 이윤을 넘어선 기업 철학, 가치경영에 관심을 가져야 할 것 같아서 그 주제를 정했다고 말했다. 액자 속 전시용 기업 미션을 자랑하는 것이 아니라 진정으로 회사의 영혼을 담은 가치를 찾고 싶다고 했다. 코치로서 기대가 되었다. 한 시간을 코칭하고 그가 찾은 가치는 무엇이었을까? 결국은 '사람'이었다. 그에게는 사람이 재산이고 자산이었다.

우리나라의 모든 리더들에게, 또한 리더를 꿈꾸는 예비 리더들에게 어떻게 하면 코칭을 통해 보다 중요한 가치를 심어줄 수 있을까? 어쩌면 이 고민들을 통해 이 책이 세상에 나오게 되었는지도 모르겠다.

그동안 소위 성공했다는 사람들을 만나 코칭하며 '리더 한 사람을 세우면 조직이 바뀌고, 사회가 바뀌고, 결국 나라 전체가 바뀐다'는 사실을 경험을 통해 절실히 느꼈다. 내가 깨닫고 느낀 것들을 이제는 사람들에게 알릴 때가 됐다는 생각이 들었다. 3년 전 코칭을 받고 긍정적으로 변화된 한 고객이 "왜 이 좋은 걸 좀 더 많은 사람들과 공유하지 않으세요? 당신에게는 그 책임이 있어요"라고 했던 말이 오랫동안 마음속에 깊이 남아 있었다. 그렇다. 아직은 대중들에게 낯선 '코칭'을 다루는 코칭전문가로서 개척자의 심정으로 책임감을 느끼는 것이 당연하다는 생각이 든다.

이 책을 통해 코칭을 더욱 일반화, 대중화시켜 기업 성장에 대한 압박감으로 온갖 스트레스를 받는 CEO들, 또 리더가 되기 원하는 젊은 예비 CEO들에게 도움을 주고 싶었다. 제자들을 위해서 비전을 공유할 수 있는 토대를 마련하고픈 마음도 컸다.

어느덧 '리더 한 명을 제대로 세우자'는 것이 나의 소명이 되었고 직업관이 되었다. 학교 강의 외에도 일대일코칭, 그룹코칭, 대규모 특강을 통해 정말 많은 사람들을 만나고 있다. 결국 한 사람의 변화는 자신의 부족함을 발견하고 변화하겠다는 의지를 갖는 것에서부터 시작된다. "나는 CEO다", "이 회사는 내가 키웠다", "나 아니면 이 회사는 안 돼"라고 생각하는 많은 CEO들을 만났다. 타성에 젖은 그들의 생각이 하루아침에 변화되기는 힘들지만 코칭을 통해 고집스런 생각이 바뀌고, 변하려고 노력하는 CEO들을 보면서 코치로서 새로운 희망을 갖게 되었다.

이 책에 소개된 이야기들은 모두 임상 현장에서 직접 경험한 코칭의 실제 사례다. 소개된 사례 속 CEO 중에는 가까운 지인이나 그 회사의 부하직원들, 혹은 이미 일반인들에게도 많이 알려진 리더들이 있다. 이들의 실명을 거론하지 않았지만 쉽게 떠오르는 인물들도 있을 것이다. 그래서 무척 고민했다. 코칭은 심리치료나 상담과는 달라서 고객의 아픔이나 숨기고 싶은 개인사를 다루지 않고 개인과 조직의 성장에 초점을 두고 있다. 하지만 코칭 또한 고객의 비밀을 유지해야 하는 기본 원칙이 있기 때문에 코칭의 모든 사례를 상세하게 밝힐 수 없는 한계가 있다. 그래서 CEO의 자기 계발을 위해 반드시 필요한 코칭 스킬을 소개하면서 적용될 수 있는 실제 사례를 선별하여 간략하게 소개하였다.

따라서, 이 책에 나오는 모든 사람들은 그 사람이나 이름과 회사와는 상관없는 영문 이니셜로 간단하게 표기했다. 이제 이 책을 통해 진솔한 자세로 나의 경험담과 CEO들의 인간적인 이야기를 풀어나가려고 한다.

1장

누가 CEO인가

멋진 비즈니스의 핵심에는 언제나 훌륭한 CEO가 있다.

_말콤 포브스

CEO들을 코칭하다 보면 조직을 위해 남모르게 고군분투하는 그들의 모습을 가장 가까이에서 보게 된다. 실제 CEO코칭에서는 기업의 '성장과 성과'를 위한 경영전략이나 혁신, 경쟁 등의 주제를 가장 많이 다룬다. 이런 주제들과 관련해 자주 등장하는 단어들을 압축하면 결국 그 핵심은 '변화'다. 존 코터John Kotter와 제임스 헤스켓James L. Heskett은 "변화에 빠르게 적응하는 기업만이 높은 성과를 낼 수 있다"[1]라고 했다. 수요의 변화를 읽지 못하면 기회를 놓칠 수 있기 때문에 끊임없이 변화를 추구하는 것은 조직을 성장하게 만드는 윤활유가 되어준다. 아무리 매출 실적이 높고 흑자 경영을 한다고 자신해도 어느 순간에 무너지게 될지 모르는 것이 기업의 생리다. 역사상 가장 위대했던 상당수의 기업들이 왜 몰락했는지를 연구한 짐 콜린스Jim Collins는 "절대 망할 것 같지 않던 오래된 기업들도 한순간에 쓰러질 수 있다"며 기업의 몰락은 "성공할 때 자만심이 생기면서부터 시작된다"[2]라고 주장했다.

기업이 매너리즘에 빠지거나 자만심에 사로잡히지 않고 의미 있는 변화를 이루려면 어떻게 해야 할까? 키를 돌리는 방향으로 배가 움직이듯, CEO의 생각이 먼저 변화해야 한다. 조직의 CEO가 앞장서서 먼저 변화하고 조직 변화의 초석을 다져야 한다. 그렇다면 오늘날 CEO들은 어떤 모습으로 변화되어야 할까?

유통업계에서 혁신을 일으킨 코스트코 창업자 짐 시네걸Jim Sinegal은 재고와 부채 없는 흑자 경영의 핵심 비결을 묻는 질문에 "CEO는 직원들에게 기업 정신과 가치관을 공유하는 코치가 되어야 한다"라고 대답했다. 또한 GE의 전 회장 잭 웰치도 "미래에는 코치가 아닌 사람은 승진하지 못할 것이다"[3]라고 주장했다. 코치형 리더는 부하직원들을 존중하며 양방향 의사소통을 하고 분명한 목표 의식과 비전을 제시한다. 그들은 부하직원들의 말을 깊이 경청하며 적극적인 지지를 아끼지 않는다. 또한 칭찬과 인정으로 부하직원의 잠재력을 최대한 끄집어내어 역량 있는 인재로 키워낸다. 한 회사의 CEO가 이처럼 코치형 리더로 바뀐다면, 그 회사 역시 '지속적으로 변화하고 성장하는 기업'으로서 전망이 밝다고 볼 수 있다.

코칭을 하며 지금까지 다양한 CEO를 만났다. 카리스마 있는 CEO에서부터 유연하고 온유한 CEO, 지혜로운 CEO, 괴팍한 CEO, 코치보다 더 코치 같았던 CEO까지. 저마다 스타일과 강점은 다르지만 공통점은 뚜렷했다. 바로 조직을 위해 그 누구보다도 고민하고 고뇌한다는 것이다. 기업을 운영하며 때로는 순풍에 돛단배처럼 기분 좋게 앞으로 나아가는 때도 있겠지만 고비의 순간이 더 많이 찾아오는 것이 현실이다. '그 고비를 어떻게 극복하는가'가 조직에는 생사의 기로, CEO에게는 도약과 패망의 기로가 될 것이다.

"누가 CEO인가?"

CEO는 조직의 변화와 성장을 고민하는 사람이다. 그리고 그 고민을 통해 가장 좋은 답을 찾아내는 사람이기도 하다. 수차례의 크고 작은 고비와 역경, 고민 속에서 흔들릴지언정 쓰러지지 않는, 끝까지 버텨 자신만의 돌파구로 다시 한 번 조직의 깃대를 들고 일어서는 그 사람이 바로 진정한 CEO다.

"오랜 경쟁에 지쳤습니다.
이제 그만 쉬고 싶은 마음뿐"

자신의 리얼 원트를 아는 CEO

남을 몰아내기 위한 경쟁은 오래가지 못한다.

_헨리 포드

"사장님! 오늘 첫 만남인데 본인 소개 간단하게 해주시겠어요?"

"제 소개요? 저는 두 달 안에 이 회사 그만두고 나가고 싶은 월급쟁이 사장입니다. 평생 경쟁만 하고 사는 놈이지요."

늦더위가 한창 기승을 부릴 즈음 한 대기업 CEO를 만났다. 코칭을 의뢰하는 기업이나 개인은 대부분 변화와 성장을 기대하며 코치를 만난다. 그래서 코칭에 임하는 태도가 매우 진지한 편이다. 대기업에서는 계열사 사장들을 위해 코칭을 의뢰하며 사장의 변화를 통해 그룹 전체가 좋은 성과를 내기 바란다. 그런데 코칭 첫 시간에 회사를 빨리 그만두고 싶다고 하니 코치로서 몹시 당황스러웠다.

"경쟁, 경쟁해서 이 자리까지 왔는데요"

처음 본 그의 얼굴은 상당히 굳어 있었다. 뭔가 심각한 결심을 한 듯 어두운 표정이어서 코칭 받고 싶은 주제를 다시 물어보았더니 "어떻게 하면 이 회사를 빨리 그만둘지, 하루라도 빨리 그만두는 방법에 대해서 이야기를 나누고 싶다"라고 답했다. 그간 얼마나 힘들었으면 이런 주제를 첫 시간에 내놓을까 생각했다. 하지만 한편으로는 모두가 부러워하는 대기업 CEO 자리를 과감하게 그만두고 싶다고 말하는 신 사장이 대단히 솔직하고 용기 있는 사람이라는 생각도 들었다.

그가 대기업 CEO 자리를 그만두고 싶은 이유는 이러했다.

"제가 벌써 이 회사에서 28년이나 근무했어요. 말단 직원으로 입사해 경쟁, 경쟁해서 지독한 놈이라는 소리까지 듣고 이 자리에 왔어요. 국내 경쟁에서 1위를 하고 이겼더니 나 원 참. 이제는 국제 경쟁을 하라고 하는데…. 까마득한 후배들은 계속 치고 올라오고…. 복잡한 거 다 그만두고 이젠 쉬고 싶네요. 아이고, 초면에 실례가 많았습니다."

신 사장은 말하는 중간중간 감정이 벅차오르는 듯 "휴우" 하고 한숨을 내쉬었다. 그러다 다시 말을 이어 가기를 반복하며 두 달 안에 회사를 그만두고 싶다는 말을 되풀이했다. 그가 현재의 문제에 직면할 수 있도록 코칭 주제를 재확인하는 질문을 했다. 그다음 그의 선택에 대한 파급효과를 생각해보도록 질문을 던졌다.

"사장님, 당장 회사를 그만두면 어떤 일이 일어날까요?"

"그야 뭐 다들 나더러 미친놈이라 욕들 하겠지요."

"그렇군요. 그런데 정말로 사장님께서 그런 소리를 듣는다면 기분이 어떠실까요?"

"기분요? 기분이라…. 솔직히 평생을 몸 바친 이 회사에서 미친놈 소리 듣고 나간다면 기분 좋을 리 없지요."

"그렇다면 사장님께서 진정으로 듣고 싶은 소리는 무엇인가요?"

나의 리얼 원트는 무엇인가

신 사장이 내면의 소리에 귀를 기울이며 본인이 진심으로 원하는 것이 무엇인지 관심을 갖도록 재차 질문했다. 코칭에서는 코칭 받는 사람에 대해 코치가 섣부른 판단과 선입견, 비난의 뉘앙스를 풍기는 질문을 절대 해서는 안 된다. 코치는 코치 자신의 편견과 자아를 내려놓은 상태, 즉 전문용어로 '에고리스ego-less한 상태'에서 고객을 대해야 한다. 그러나 상황에 따라 코칭 받는 사람의 사고 전환이나 확장을 위해서 강력 질문이 필요할 때가 있다. 결과를 예측해볼 수 있는 강력 질문을 통해 자신의 문제를 직면하도록 돕는 것이다. 욕을 먹으면서까지 정말 회사를 그만두고 싶은지 물었을 때 신 사장은 잠시 말을 멈췄다. 얼마간 침묵이 흐르고 나서야 말문을 열었다.

"음. 그렇지요. 제가 미친놈 소리 들으려고 여기까지 온 건 아니지요. 다들 제가 일에 미쳤다고 하지만, 미친 듯이 일하고 난 다음에 오는 성취와 기쁨은 아무도 몰라요. 그건 최고의 목표를 달성해본 사람만이 느낄 수 있어요. 꼭대기에 올라서니까 그 기분을 알겠더라고요. 제가 사장이 되기 전까지만 해도 우리 회사는 경쟁사에 밀려 늘 2등만

했어요. 제가 사장이 되고 1년 만에 경쟁사를 따라잡은 거예요. 그런데 축배를 들기도 전에 1위를 계속 유지해야 한다는 압박감이 밀려오더라고요. 더군다나 오너와 주주들이 이제는 세계 경쟁시장에서 1등을 해보라고 은근히 압박하는 거예요. 제가 윗분 모실 때 그분들하고 참 끈끈하게 지내며 충성을 했습니다. 저를 믿고 이 자리까지 밀어준 고마운 분들이지요. 그런 분들을 실망시켜 드릴 수도 없고….”

신 사장의 고뇌가 고스란히 느껴졌다. 대기업 사장으로서의 책임감뿐만 아니라 말단 직원에서 CEO 자리까지 올라올 수 있도록 자신을 믿고 도와준 과거의 상사들에게 실망감을 주지 않으려는 마음도 읽혀졌다. 신 사장은 일로 인한 스트레스와 많은 업무들로 번아웃된 상태였기 때문에 나는 계속해서 진심을 담아 공감과 지지를 보냈다. 그러면서 그가 정말로 바라는 것이 무엇인지, 내면 깊숙한 곳에서부터 나오는 진짜 욕구를 확인하는 질문을 던졌다. 그랬더니 그는 다음과 같이 말했다.

“그동안 죽어라고 경쟁하며 밤낮없이 일했으니까 여기까지 왔겠지요. 그래서 좋은 평가도 많이 받았고 부하직원들에게 박수도 많이 받았어요. 몇몇 직원들은 저를 아주 좋아해요. 손발이 아주 잘 맞지요. 제가 사장 맡고 1년 만에 경쟁회사를 이기니 모두 잘했다며 박수치고 또 기대를 하지만 저는 또다시 경쟁해야 한다는 압박감에 시달리고 있어요. 그래서 이 정도로 키웠으면 됐다고 생각하고 후배들에게도 기회를 주고 싶은 거예요. 너희들도 나처럼 한번 해봐라, 말해주고 싶기도 하고요. 그런데 지금 생각해보니 제가 당장 그만두면 후배들이 당황할 것 같네요. 저만 보고 따라오는 녀석들도 있는데 말이죠. 이제는 국내 실적만으로는 인정받지 못해요. 이쪽 세계도 하루가 다르게 바뀌고 있고 계속 다음 성장동력 사업 플랜을 내놓아야 하고. 사실 저는 여기서 평생 밥 먹고 살아온 사람이라 누구보다 잘할 자신도 있는데, 경쟁의 압박감에 자꾸 그만두고 싶다는 생각이 들었어요. 왜 저라고 좀 더 일하고 싶지 않겠어요. 후배들과 끝까지 도전해보고 싶은 생각이 더 크지요. 사나이가 싸우는 게 겁나 한번 칼을 뽑아놓고 칼집에 칼을 도로 꽂는다면 비겁한 일이겠지요."

신 사장은 경쟁의 압박감으로 회사를 그만두고 싶다고 말은 했지만, 솔직한 마음은 회사를 위해 끝까지 열정적으로 일하는 것이었다. 진짜 내면의 욕구를 물어보는 질문에 대한 대답을 통해 신 사장은 자신의 속마음을 스스로 확인할 수 있었다.

자기 성찰 없이는 성장할 수 없다

코칭에서 대표적인 강력 질문 중 하나가 "정말로 원하는 것이 무엇인가?"다. 우리 안에는 진정으로 원하는 내재적 욕구가 있다. 코칭에서는 그것을 '리얼 원트real want'라고 한다. 인간은 진정한 내면의 욕구가 충족되어야 행복하다. 그러나 CEO의 자리는 막중한 책임을 져야 하는 자리이기 때문에 개인의 내적 욕구 충족을 방해하는 여러 가지 장애물이 생긴다. 코칭에서는 이 장애물을 제거하고 자신이 진정으로 바라는 것을 직면할 수 있도록 자기 성찰 질문을 던진다. 자기 성찰

없이는 성장할 수 없다. 정신과 의사로서 인간의 근원적 가치를 많이 다룬 모건 스콧 펙M. Scott Peck 박사는 "자기를 성찰하는 생활이란 지극히 고통스러운 삶으로 걸어 들어가는 것이어서 대다수의 사람들이 이를 피해 가려 한다. 그러나 진실에 충실한 사람에게는 이런 고통이 그리 중요하지 않고 다른 전문가들의 비판과 도전을 받게끔 자신의 내면을 보이는 것이 중요하다"라고 했다.

CEO라고 해서 속마음을 전혀 드러내지 않는다면 견디다 못해 언젠가는 쓰러지고 말 것이다. 나는 신 사장이 코칭 세션에서 솔직하게 자신의 내면을 드러내도록 질문했고 후배들과 계속 열정적으로 일하고 싶어 하는 그의 리얼 원트를 재확인시켜주었다. '경쟁에 대한 압박감'이 극복해야 할 장애물임을 상기시켜주고 이 장애물을 없애기 위해 무엇을 실천할 수 있는지 코칭했다. 신 사장은 "일단 마음의 여유를 갖는 것이 무엇보다 필요할 것 같아서 등산을 시작하겠다"라고 말했다.

코칭에서는 한 세션이 끝날 때마다 실행 계획action plan을 세워 실천 약속과 과제를 부여한다. 다음 코칭 전까지 '등산하기'를 실천 약속으로 정하고 '코칭을 통해 자신에게 어떤 결과를 기대하는지 찾아보기'를 실천 과제로 제시했다. 1주일 후 신 사장을 다시 만났을 때는 첫 시간의 어두웠던 표정이 많이 사라져 있었다. 그동안 어떻게 지냈는지 물어보니 정신없이 바쁘게 보냈다고 했다. 주말에 등산을 다녀오는 실천 약속도 잘 지켰다.

"사장님, 실천 과제였던 '코칭을 통해 어떤 결과를 기대하는지'에 대해 생각의 변화가 있으셨나요?"

"네, 이왕 코칭까지 받는데 '한번 잘해보자'라는 생각도 들었고, 언젠가는 회사를 그만두는 날이 올 텐데, 그때 후배들에게 좋은 귀감이 되는 상사가 되고 싶다는 생각도 들었습니다."

1주일 전과 전혀 다른, 신 사장의 적극적인 모습을 볼 수 있었다. 나는 먼저 그의 빠른 생각의 전환과 진지한 태도에 진심으로 인정과 지지를 보냈다. 코치로서 기쁜 순간은 바로 이처럼 고객이 코칭을 통해 생각을 전환하고 활력을 찾는 모습을 보는 때다. 리더 한 명이 바뀌면 그가 속한 조직 전체가 바뀌고 그 파장은 사회 속으로 퍼져나간다. 나는 신 사장의 생각 전환을 적극적으로 지지하며 '리더로서 무엇을 갖추어야 하는지', '경쟁의 압박에서 벗어나기 위한 방법에는 어떤 것들이 있는지', '회사의 발전을 위해 무엇을 기여할 수 있는지', '글로벌 시장에서 다음 성장동력 산업을 위해 무엇을 준비해야 하는지' 등을 코칭했다. 회를 거듭할수록 그는 점점 긍정적으로, 또 진취적으로 변했으며 코치인 나 또한 존경하는 마음이 생길 정도로 역량 있는 CEO로 변화되어 갔다.

문제점만 찾지 말고 해결책을 찾아라

코칭이 끝나고 만 3년이 지난 지금, 놀라운 성과를 내고 있는 신 사장의 활약을 언론으로 이따금 접하고 있다. 코치로서 참 보람된 일이다. 3년 전 힘들었던 그때, 그가 정말 회사를 그만두었다면 지금의 영광스러운 성과도 없었을 것이다. 누구에게나 위기가 찾아온다. 하지만 그

위기를 어떻게 극복하느냐에 따라 결과는 천차만별이다. 자신의 역경을 통해 부하직원들에게 도전 정신을 주고 귀감이 되고 있는 신 사장이 앞으로 우리나라의 자랑스러운 CEO가 될 것이라고 믿는다. 이 책을 읽는 이들에게도 한 가지 부탁을 하고 싶다. 도전 정신이 또 다른 경쟁 압박으로 다가오지 않도록 즐거운 마음으로 도전에 임하라고 말이다.

신 사장의 사례처럼 우리나라 대부분의 CEO들은 엄청난 경쟁 압박을 받고 있다. 분기별로 평가를 받고 그 실적에 따라 희비가 엇갈린다. 시장 경제는 하루가 다르게 급변하기 때문에 과거에 성공한 경험이 많은 CEO일수록 변화에 대한 저항이 크게 다가올 수도 있다. 한 조직을 책임져야 하는 CEO는 자기관리는 기본이고 리더십을 기르기 위한 커뮤니케이션 스킬이나 리더로서의 역량, 타인에 대한 이해, 조직 역량, 고객지향성, 글로벌 사업 마인드, 성장동력 사업 등 신경 써야 할 것이 한두 가지가 아니다.

체계적인 경영 관리와 조직력 강화를 위해 CEO는 날마다 성장통을 겪는다. 성장통을 겪을 때 CEO가 조직의 문제만 보면 문제밖에 보이지 않는다. 헨리 포드는 "문제점을 찾지 말고 해결책을 찾아라"라는 유명한 말을 남겼다. 문제보다는 '가능성 발견'에 초점을 맞추고 해결책을 찾아야 한다는 것이다.

회사가 힘들 때일수록 패러다임의 전환, 즉 사고의 확장이 필요하다. 문제 속에 갇히면 해결책의 실마리가 되어줄 '내면의 욕구'와도 점점 멀어지게 된다. 경쟁에만 쫓겨 무한한 잠재 가능성을 놓치고 있지

는 않은지, 내면의 진정한 욕구와 멀어지고 있는 것은 아닌지 점검해
보아야 한다. 지금 이 책을 읽고 있는 독자들도 문제가 아닌 가능성에
초점을 맞추어보기 바란다.

Self Coaching

"정말로 원하는 것이 무엇인가?"
"지금 상황에서 할 수 있는 것은 무엇이 있는가?"
"어디를 향해 가고 있는가?"

"나는 2% 부족한 CEO예요"

한계를 직면하고 뛰어넘는 CEO

> 할 수 있다고 생각하면 당신은 할 수 있다.
> 할 수 없다고 생각하면 당신은 할 수 없게 된다.
> _메리케이 애시

젊은 나이에 여성 CEO가 된 장 사장은 많은 이들에게 대단한 카리스마와 추진력을 가진 사람이라고 평가받으면서도 리더로서의 어려움을 토로했다. 그녀는 회사 경영을 위해 일찌감치 외국에서 MBA를 마치고 한국에 들어와 아버지의 회사에서 경영 수업을 받았다. 그러다 몇 해 전 그룹 계열사 하나를 인수하여 매출 실적을 높여나가는 데 매진하고 있다. 다행히 회사의 경영진이 교체되고 CEO가 여성으로 바뀌었는데도 회사 분위기는 좋았고 그녀의 경영 스타일도 긍정적인 평가를 받고 있었다. 그러나 장 사장과 직접 만나 코칭을 하면서 남다른 고충을 알게 되었다.

"실적이 매달 높아져서 전년도 대비 평가를 해보면 분기마다 놀라운 목표량을 달성하고 있어요. 하지만 저보다 경력이 오래된 임원들이 있으니 저도 모르게 눈치를 보게 돼요. 또 그들의 말에 스트레스받는 일이 많아요. 최근에는 총괄본부장과 큰 의견 차이가 있었는데 혹시나 이 일로 경력이 부족한 애송이 취급을 받지 않을까 걱정되네요. 여자 사장이기 때문에 보이지 않는 편견에 시달리기도 하는데 그럴 때면 심한 자괴감마저 느낍니다."

장 사장은 좋은 성과를 얻어내면서도 큰 스트레스와 압박감을 느끼고 있었다. 코칭을 진행하면서 "내가 아무리 잘해도 저들은 만족하지 않을 거고 분명 나는 남동생보다 못하다는 말을 듣게 될 거야"라는 제한적 신념과 비교의식을 가지고 있음을 알게 되었다.

"아무리 잘해도 나는 인정받지 못할 거야"

코치의 입장에서 바라볼 때 그녀에게 가장 필요한 일은 제한적 신념과 비교의식에서 벗어나 자존감을 회복하는 것이었다. 코칭에서는 자기 인식의 제한된 틀에 갇혀 목표성취나 잠재력 개발을 방해하는 주요한 원인을 '제한적 신념'이라 부른다. 코칭을 하면서 제한적 신념에 갇혀 있는 CEO들을 의외로 많이 보았다. 신념은 과거 자기 경험에서 비롯된 생각의 습관이다. 제한적 신념을 객관적으로 바라보면 어이없을 정도로 그 신념 자체가 잘못된 경우가 많다. '나는 아무리 노력해도 안 되는 사람이야', '내 사업은 또 실패할지도 몰라', '투자해도 안 돼', '인간관계는 자신 없어', '나는 설득력이 없어'와 같이 제한적 신념으로 자신감 없이 경영을 하는 경우가 있다. 그런 CEO에게는 자신의 제한적 신념이 잘못되었다는 것을 일깨우고 '긍정적인 관점에서 자신의 비즈니스를 바라본다면 무엇이 달라질 것인가'에 대해 코칭을 한다. 아무리 많은 잠재력을 가졌어도 스스로가 한계를 그어놓고 '나는 이것밖에 안 되는 사람이야'라고 생각한다면 어떻게 성장을 기대할 수 있겠는가?" 제한적 신념을 극복하는 과정은 CEO뿐만 아니라 CEO를 꿈꾸는 임원, 리더, 나아가 이제 막 입사한 직원까지, 모두에게 필요하다.

비교의식과 제한적 신념 거부하기

장 사장과 코칭을 하며 '자신을 불안하게 만드는 가장 큰 요인이 무엇인지', '외부 평가에 그토록 민감한 이유는 무엇인지', '앞으로 회사를 어떻게 경영하고 싶은지' 하나하나 점검해나갔다. 구체적인 사실을 알게 되면서 장 사장의 제한적 신념과 비교의식에 대해 깊이 이해할 수 있었다. 장 사장은 아버지의 모든 것을 물려받은 남동생에 대해 어린 시절부터 자신도 모르게 비교의식을 갖게 되었다. 남매지간이라 누구보다 우애 있게 지내야 하는데 동생과 경쟁이나 비교를 한다는 것이 양심에 걸려 죄책감을 느낄 때도 종종 있었다고 했다. 자신이 누나이고 누구보다 잘할 수 있다는 자신감이 있었지만 아버지는 남동생에게 회사의 모든 경영권을 물려주기 위해 일찍부터 준비하고 있었다. 그런 불공평한 모습에 그녀는 분노를 느끼기도 했다. 아버지 회사 직원뿐만 아니라 주변 사람들까지 남동생과 자신을 항상 비교하는 것 같았고 누나임에도 불구하고 동생과 비교되어 평가받는 느낌이 몹시 싫었다는 것이다.

"제가 일방적으로 그렇게 느끼는 것인지 정확히 알 수는 없지만, 제가 자라면서 겪은 차별과 그로 인한 비교의식이 내면 깊숙하게 자리 잡은 것 같네요. 이런 부분이 경영에까지 영향을 줄지는 몰랐어요."

회사 매출이 눈에 띄게 성장했지만 그녀는 가끔 남모르게 남동생 회사의 매출과 비교해보는 습관이 생겼다고 했다. 또 그런 마음을 누군가에게 들킬까봐 늘 불안하다고 했다.

코 치	장 사장님, 사장님은 자신이 어떤 사람이라고 생각하세요?
장 사장	저요? 저는 2% 부족한 사람이에요.
코 치	그렇게 생각하는 이유는 무엇인가요?
장 사장	남들은 제가 좋은 집안에서 태어나 부모 잘 만나서 어려움 없이 쉽게 여사장이 되었다고 생각할지 모르겠지만, 저는 여기까지 오느라 정말 제 나름대로 죽을힘을 다했거든요. 어릴 때부터 '계집애가 잘났으면 뭐가 얼마나 잘났다고'라는 소리가 세상에서 가장 듣기 싫었어요. 남동생한테 관심 빼앗기는 것도 싫어서 더 인정받으려고 노력하며 살았죠. 그런데 아무리 잘해도 뭔가 마음에 채워지지 않는 공허함이 있었고, 여성이기 때문에 능력을 인정받으려면 더 노력해야 한다는 부담감이 있었지요. 아무리 사장이라고 해도 여성이기 때문에 뭔가 2%가 부족함을 저도 직원들도 느끼고 있는 것 같아요.

코 치	여성 CEO로서 남들이 알지 못하는 어려움을 많이 느끼시고 계셨군요.
장 사장	네, 직원들은 일단 회사 매출이 갈수록 좋아지니까 제가 부족하다는 말을 입 밖으로 내뱉지는 않아요. 여사장으로서 능력이 대단하다고 하시는 분들도 있긴 해요. 아니, 밖에서 볼 때는 속된 말로 잘난 여사장이지요. 인정해요. 스스로 자꾸 부족하다고 느끼는 게 저에게 도움이 되지 않는다는 것도 잘 알아요. 그러고 보니 순전히 제 생각만으로 '직원들이 나를 부족하다고 생각하는 건 아닐까'하는 자격지심을 가진지도 모르겠네요.
코 치	그런 생각이 경영에 어떻게 작용할까요?
장 사장	아이고, 정곡을 찌르시는군요. 분명히 경영에 도움이 안 되지요. 어리석은 생각인 거 저도 알아요. 그런데 어릴 때부터 그렇게 차별받고 워낙 비교당하며 살아와서…. 잘해도 늘 뭔가 부족한 게 또 있을 거라고 생각하게 된 것 같아요.

그간 힘들었던 감정이 올라오는지 그녀의 눈에 눈물이 맺혔다.

나의 부족함을 극복할 수 있는 강점은 무엇인가

장 사장에게 공감을 보낸 후, 그녀가 지금의 자리까지 어려움을 견디고 올라온 노력에 대해 인정과 지지를 해주었다. 또한 그녀가 막연하게 가지고 있는 '비교의식'과 '제한적 신념'에서 어느 정도 자유로울 필요가 있다고 코칭해주었다. 그녀 스스로 '자신의 목표에 대해 얼마만큼 가치를 두고 있는지', '그 목표를 이룰 기술과 능력이 어느 정도 준비되었는지', '자신의 목표가 얼마만큼 확실한지'에 대해 질문하고 자신 없는 부분은 그 이유가 무엇인지 심층적으로 검토하도록 했다. 그리고 제한적 신념에서 벗어나 자신의 강점에 중점을 둔 상태에서 원하는 경영목표를 이루도록 장 사장에게 PAW 과정을 적용해보았다. 그녀는 이 과정을 통해 자신감을 많이 회복했다. PAW 과정은 자신의 목표를 실현할 수 있다는 '가능성Possibility'을 믿는 것에서 시작된다. 자신을 괴롭히는 제한적 신념과 같은 장애물을 완전히 제거하여 목표 달성의 '능력Ability'이 자기 안에 있다고 믿어야 한다. 그다음 자신은 그 목표를 이룰 만한 충분한 '가치Worthiness'가 있는 사람이라고 스스로 믿도록 한다.

여성의 가치를 제대로 인정받지 못하는 현실은 세계 곳곳에 만연하지만, 성性의 한계를 뛰어넘어 성공한 기업가를 찾기는 어렵지 않다. 1996년 미국 경영인 명예의 전당에 헌정된 메리 케이 애시는 메리 케이 뷰티 코스메틱을 30여 년 전에 창설하여 전 세계 160만 명 이상의 뷰티 컨설턴트를 가진 대기업으로 성장시켰다[4]. 그녀는 한 인터뷰에서 "나는 수많은 실패를 했지만 결코 포기하지 않는 인내심으로 지금의 성공을 거두었어요. 결코 포기하지 말고 넘어지면 다시 일어나세요. 여성이라는 한계를 극복하는 비결은 포기하지 않는 인내심이에요"라고 강조했다. 어떻게 보면 지극히 평범한 인터뷰 내용이다. 하지만 여성의 능력을 인정하지 않는 남성 위주의 조직문화에 저항해 25년간 다니던 회사에 사표를 내고 당당하게 성공한 여성 CEO의 인터뷰라 시사하는 바가 더욱 컸다. 메리 케이 애시는 업무를 지시하고 명령, 통제하는 CEO가 아니라 직원들을 격려하고 동기부여하며 파트너십으로 경영해나가는 코치 같은 CEO였다.

아무리 성공한 CEO라도 그 속을 들여다보면 누구에게나 부족한 2%가 있기 마련이다. 때로는 환경의 영향으로 한계에 부딪히기도 한다. 그러나 자신에게 부족함이 있다고 해서 감추고 거부한다면 상처는 덧나게 되어 있다. 부족함도 자신의 한 단면이라고 생각하고 적극적인 자세를 갖고 긍정적으로 대처한다면 더 좋은 결과를 기대할 수 있을 것이다. 환경적인 한계도 마찬가지다. 부족함과 어려움으로 스스로를 '제한'하기보다는 직면해 뛰어넘는 용기가 필요하다.

Self Coaching

"나의 강점은 무엇인가?"
"현재 직면한 한계를 극복하기 위해 어떤 것을 시도해보겠는가?"
"목표를 실현했다면 그다음은 무엇을 할 것인가?"

"새로 시작하는 게 죽기보다
쉽지 않겠는가"
위기를 극복하는 CEO의 용기

돈을 잃는 것은 적게 잃는 것이다.
명예를 잃는 것은 크게 잃는 것이다.
그러나 용기를 잃는 것은 전부를 잃는 것이다.
_윈스턴 처칠

기업의 성장을 위해 과감한 시도나 결정을 해야할 때, CEO는 위험을
감수해야 한다. 선택에 대한 결과와 책임이 고스란히 CEO 몫이므로
부담감도 매우 클 수밖에 없다. CEO는 자기 분야에서 최고의 지식과
전문성을 갖추기를 원한다. 때문에 각 대학교의 최고 경영자 과정을
수료하기도 하고 기업인을 위한 경영포럼에 참석하기도 한다. 그러나
전문지식이 경영에 도움은 되어도 기업의 안정성을 보장해주지는 않
는다. 항상 마음을 놓을 수 없는 CEO들은 평생 학습자의 자세로 끊임
없이 배우며 탄탄한 기업을 만들기 위해 나름대로 생존 전략을 구축
해나간다.

CEO들이 코칭을 활용하면 자생력을 높일 수 있다. 코치는 컨설턴
트나 다른 전문가들처럼 문제 해결의 열쇠, 즉 '답'을 직접 주지 않는

다. 다만 스스로 해결할 수 있도록 질문을 던져 사고의 확장을 돕는다. 코치가 답을 주기 시작하면 피코치는 상대방에 대한 의존성이 높아져서 스스로 자신감을 갖기 어렵다. 게다가 코치가 문제해결에 대한 부담감과 선택의 실패에 따른 책임감을 짊어지게 되어 상대방과의 좋은 코칭을 기대하기 어렵다.

실패했다는 좌절감과 무력감에 빠져 있을 때

강 이사장은 코칭식 경영마인드로 회사를 다시 일으켜 세운 CEO다. 지금은 성공한 중견 기업가이지만, 잘 나가던 출판회사가 부도로 쓰러진 적이 있었다. IMF 때 간접투자 회사의 연쇄부도로 모든 것을 잃어버린 위기도 겪었다. 그러나 그는 스스로 질문하고 답을 찾아나가는 셀프코칭식 경영방법으로 모든 것을 되찾았다고 말했다.

"그때는 뭐, 제정신이 아니었지요. 거래 회사가 동시다발적으로 한꺼번에 무너지는데 정말 무섭더라고요. 자금 회전이 안 되니까 회사는 당연히 부도가 났어요. 고향인 부산에 내려가서 모든 걸 포기하고 살려고 했지요. 하루하루 무기력하게 살고 있는데 어느 날 문득 이런 생각이 들더라고요. '뭔가 새로 시작하는 것이 죽기보다는 쉽지 않겠는가!' 그 당시 큰아들 녀석이 고등학교 2학년이었는데 돈이 없어서 학원에도 못 보내고, 성적은 자꾸 떨어졌어요. 잘못하다가는 자식 대학 공부도 못시키겠구나 싶어 정신이 퍼뜩 들더라고요. 다행히 우리 집사람이 신앙이 아주 좋아서 가족들이 힘든 걸 잘 극복하도록 도와줬어요. 저도 지푸라기라도 잡는 심정으로 집사람 따라 새벽기도를 갔었지요. 그때 새로운 사업에 대해 많은 구상을 하게 됐어요. 현실적으로 눈에 보이게 달라진 것은 아무것도 없는데, 희망을 갖기 시작하니까 용기가 생기더라고요. 그래서 스스로 질문해보았지요. '내게 용기가 있다면 무엇을 하겠는가?' 하고요."

나는 코칭 대화를 할 때 피코치가 원하는 목표지점에 이를 수 있도록 '가능성 발견 질문'을 던지고는 한다. 강 이사장에게 "당신에게 지금 용기가 있다면 무엇을 하겠는가?"라는 질문이 코칭에서 강력 질문으로 사용된다는 것을 알려주며 그 질문을 스스로에게 던져본 것을 칭찬해주었다. 원하는 성과를 얻기 위해 때로는 '용기'가 필요하다. '용기'는 과감한 시도의 원동력이 되기 때문이다. 어쨌든 이때부터 강 이사장의 눈빛이 더욱 반짝이며 목소리 톤이 조금씩 높아지기 시작했다.

"그 당시 무력감, 실패했다는 좌절감이 저를 지배하고 있었어요. 그런데 집사람 따라 새벽에 기도를 해보니 눈에 보이는 게 다가 아닌 것 같더라고요. 보이지 않는 힘이 우리 인생을 이끈다는 생각이 들었어요. 그때 비로소 모든 걸 내려놓고 서 코치님이 강조하시는 '경청'을 생활 속에 적용해보자고 결심했지요. 기도 생활에서도 하나님 음성을 한번 들어봐야겠다는 오기가 생기더라고요. 그래서 정말 열심히 새벽기도를 쫓아다녔어요. 근데 이상해요, 처음에는 우습게 봤는데 기도라는 걸 하면 할수록 마음이 편해지고 이전에는 알 수 없던 용기가 막 샘솟는 거예요. 그러면서 '내가 용기를 갖고 이 세상을 살아보겠다는데 누가 날 막겠는가?'라는 생각도 들고 '한번 해보자'라는 마음도 먹게 되었지요. 그래서 제가 할 수 있는 사업들을 검토했어요."

당신이 지금보다 더 용기가 있다면 무엇을 하겠는가?

'주도적으로 반응하기'라는 코칭 기법이 있다. 주도적 반응은 긍정적인 삶의 태도로 건설적인 결과를 얻기 위해 선택하는 반응이다. 다시 말하면 주도적으로 반응하는 것은 자동반사적으로 반응하는 것이 아니라, 깊이 생각하고 어떻게 반응할지를 주도적으로 결정하는 것이다. 강 이사장은 본인에게 일어난 상황 속에서 용기 있고 긍정적인 태도, 즉 주도적 반응으로 사업 구상을 해나갔다. 그리고 셀프코칭Self Coaching을 통해 결국 스스로의 가능성을 발견했고 지금의 회사를 일으키는 데 성공했다.

많은 기업가를 코칭하면서 한 가지 깨달은 것이 있다. 강 이사장의 사례처럼 CEO들은 극한 위기를 만나면 생존을 위해 자신만의 돌파구를 찾는다는 것이다. 최고의 전문가를 만나 조언을 구하기도 하고 그 분야의 성공한 멘토를 찾기도 한다. 또 어떤 사람은 기도에 매달린다. 하나같이 답을 얻기 위해 무언가를 찾는 것이다.

이 글을 읽는 독자들도 한번 생각해보기 바란다.

"인생 최대의 위기를 만났을 때 무엇을 의지할 것인가?"

몇 달 전, 자신이 절대적으로 믿고 의지하던 기업이 회생 절차를 밟게 되면서 직장을 그만둔 한 팀장으로부터 연락을 받았다.

"저는 우리 회사가 그토록 비참하게 하루아침에 넘어갈 줄 몰랐어요. 제가 대학원 졸업하고 8년 동안 이 회사에서 정말 열심히 일했거든요. 회장님 구속되고 신문에 회사 이름이 오르내리는 걸 보면서 저도 잠을 못잘 만큼 힘들었어요. 제가 어디로 가야할지, 무엇을 해야할지, 도저히 갈피를 잡을 수도 없고 너무 힘들어서 이렇게 연락을 드렸습니다."

나는 한 팀장에게 따뜻한 위로의 말을 건네고 새로운 용기를 가지려면 어떠한 사고의 전환이 필요한지 물었다.

"솔직히 제 힘으로는 할 수 있는 게 없어요. 제가 홀어머니를 모시고 있기 때문에 빨리 직장을 구해야 하는데, 요즘 원하는 직장 구하는 게 어디 쉬운 일인가요. 일단 생각을 좀 더 유연하게 할 필요가 있는 것 같아요. 요즘 너무 경직되어 있어서 유머를 잃어버렸어요. 제가 원래 사람을 잘 웃기거든요."

나는 한 팀장에게 잠시라도 긴장이 풀리도록 크게 한번 웃어보지 않겠냐고 제안했다.

"저보고 웃어 보라고요? 하하!"

잠시 기분이 나아진 듯 보여서 그에게 인생에서 가장 크게 웃어본 적이 언제냐고 물었다.

"어릴 적 골목길에서 동네 친구들이랑 구슬치기를 했는데 친구들 구슬을 모두 다 따서 '야아~' 하고 크게 웃었던 기억이 나네요."

나는 그때의 기분을 충분히 느껴보라고 했다. 그리고 그 기분을 유지하면서 질문에 답할 것을 부탁했다.

"만약 앞으로 하는 일이 실패하지 않는다면 무엇을 해보시겠어요?"

"저는 그동안 회사에서 영업력을 높이는 데 필요한 전문지식을 제공해주고 기획 업무를 맡아왔어요. 되도록 그 노하우를 살려서 일하고 싶어요. 기획 쪽은 가장 자신 있어서 그쪽 일을 맡게 되면 절대 실패하지 않을 자신도 있고요. 하지만 제가 했던 분야 말고 새로운 일을 하게 되면, 그건 또 그쪽에서의 경험을 쌓게 되는 거니까 일단 뭐든지 해볼 작정이에요. 그러면서 전문성을 키워나가야겠죠."

처음 전화를 걸어왔을 때보다 한 팀장의 목소리는 매우 밝아졌다. 자신감을 회복한 것을 느낄 수 있었다. 코칭을 하다 보면 코칭 받는 피코치의 감정이 저조하여 에너지 레벨이 많이 떨어져 있는 경우가 종종 있다. 그러한 때는 코칭을 시작할 때 코치가 간단한 유머를 적절하게 사용해볼 수 있다. 피코치에게 본인의 웃음소리를 한번 들어보라고 권하는 것도 코칭 분위기를 밝게 하는 데 도움이 된다. 사람들의 웃음소리는 저마다 개성이 있고, 자기 웃음소리를 들으면 기분이 한결 나아지기 때문이다. CEO 역시 평소에 유머와 웃음을 사용해서 조직에 유연성을 가져올 수 있다. 리더가 사고의 유연성이나 융통성이 없으면 부하직원의 저항을 가져올 수 있기에 주의해야 한다.

한 달 후 한 팀장으로부터 "어느 회사에 취업을 했는데, 기획 관리 쪽을 맡게 됐다"라고 연락이 왔다. 지난번 텔레 코칭 이후 현실은 우울하지만, 계속 밝고 긍정적인 생각을 가지고 사람을 만나다 보니 기회가 왔다고 했다. 나는 축하와 지지를 보낸 다음 그의 앞날을 그려보게 했다. 그는 "기획 쪽에서 전문성을 계속 키워나간다면 회사의 신규 사업 개척에도 공헌하면서 기대하는 결과를 얻을 수 있을 것 같다"라고 했다.

강 이사장과 한 팀장 사례에는 공통점이 있다. 누구나 조직 생활을 하며 위기를 만나기도 하지만 끝까지 포기하지 않으면 결국 회복의 기회를 얻게 된다는 것이다.

Self Coaching

"가장 크게 웃어본 때는 언제인가?"

그때의 기분을 유지하며 한 번 더 질문을 던져보자.

"더욱 용기가 있다면 무엇을 하겠는가?"

"제 직관 때문에 직원들이
불안해하는 것 같아요"

경험, 지식 그리고 직관력을 갖춘 CEO

우리가 뭔가를 증명할 때는 논리를 가지고 한다.
그러나 뭔가를 발견할 때는 직관을 가지고 한다.
_쥘 앙리 푸앵카레

"저희 회사는 계열사라 규모가 작습니다. 그래도 있을 건 다 있어요.
큰 조직에서 일어나는 일이라면 여기서도 다 일어납니다. 그러다 보
니 사장으로서 순간적인 판단이나 직관에 따라 결정해야 할 때가 많
아요. 그런데 제 직관이 틀린 경우가 많아서 투자 성과를 못낼 때가
더러 있어요. 제 결정 때문에 실적에 문제가 생기거나 회사 전체에 영
향이 있을 때는 어찌 할 바를 모르겠어요. 오너와 주주들이 저를 곱지
않게 볼 법도 한데 어째 아직까지 잘리지 않고 잘 버티고 있습니다.
아마 저에게 한번 더 기회를 주기 위해서 코칭을 받게 하는 것 같네
요. 잘 부탁드립니다."

대기업 계열사 유 사장은 코칭 첫 시간에 자신의 상황을 이야기하
며 연신 겸연쩍어했다. 유 사장은 대기업 말단 사원으로 시작해 전무

자리까지 올랐다가 그 회사 계열사 사장으로 발령받았다. 사장으로 승진한 지 3년 만에 받는 CEO코칭이었다. 그의 방 한쪽 벽면은 주 단위, 월 단위의 실적을 나타내는 그래프로 가득 차 있었다. 그가 실적에 대해 얼마나 큰 압박감을 가지고 있는지 알 수 있었다.

"직원들이 불안해하지 않는 회사를 만들고 싶어요"

코칭이 시작되자 그는 여러 가지 코칭 주제를 내놓았다.

"사장님, 여러 가지 코칭 주제 가운데 우선순위가 가장 높은 것은 무엇인가요?"

"어떻게 하면 부하직원들이 우리 회사에 다니는 동안 불안해하지 않으면서 다닐 수 있을지, 어떻게 하면 직원들이 만족스럽게 다닐 수 있는 회사 환경을 만들 수 있을지를 코칭 받고 싶습니다."

"처음에는 코칭 받고 싶은 주제를 여러 가지 말씀하셨는데 특별히 이 주제를 선택한 이유는 무엇인가요?"

"저는 이 회사에 입사해서 지금까지 평생을 실적과 싸워왔습니다. 회사 매출이 나쁘면 모든 게 제 책임인 것 같고 상사 눈치 보면서 30년 이상을 죽기 살기 필살기로 살아왔지요. 하루도 마음 편하게 회사 생활을 한 기억이 없어요. 저도 말단에서 여기까지 올라왔지만, 사장이 되고 보니 직원들은 저처럼 불안하게 일하게 해서는 안 되겠다는 생각이 들더라고요. 물론 회사라는 조직이 성과를 내지 않으면 안 되지만, 불안한 가운데서 실적을 내는 것과 안정된 분위기에서 성과를 내는 것은 엄청난 차이가 있다고 봅니다. 아무래도 마음이 안정되어 있으면 창의적인 아이디어가 더 많이 나와 결국 성과도 얻게 될 것 같고요. 그래서 오랫동안 이 주제를 생각해왔고 마침 코칭을 받게 되었으니 도움을 좀 얻고 싶습니다."

코칭을 정식으로 시작하기도 전에 유 사장은 이미 회사의 성과를 위해 무엇이 필요한지 답을 알고 있었다. 코칭의 주요 원칙 중 하나가 '피코치 안에 모든 문제를 해결할 능력이 있다'는 것이다. 유 사장의 경우처럼 무엇이 필요한지 이미 알고 있는 경우는 코칭을 풀어가기가 정말 수월하다. 실행 계획 질문을 통해서 더욱 구체적인 답을 끌어내기로 했다.

코 치   직원들이 불안해하지 않고 만족스럽게 회사를 다니기 위해서 무엇을 할 수 있을까요?

유 사장   우선 그들의 욕구를 잘 이해해줘야겠지요. 직무기회나 복지혜택, 승진, 관계, 커뮤니케이션, 소속감, 역량개발, 보상 문제 등 부하직원들의 욕구는 다양할 거예요. 일단 우리 조직의 신입들은 경력직원들과 연결고리를 만들어줘서 소속감을 갖게 하면 좋을 것 같아요. 그리고 여사원들은 결혼과 임신 등에 대해 그동안 안정성을 거의 보장받지 못했어요. 이 부분도 제도적으로 조정해서 유급휴직으로 만들어주면 우수한 여성 인력들도 확보할 수 있고, 그들 또한 회사를 신뢰할 수 있을 것 같아요.

코 치	네, 사장님. 직원들의 입장에서 많은 고민을 하셨던 것 같네요. 말씀하신 것 외에 또 다른 방법이 있다면 무엇이 있을까요?
유 사장	뭐니 뭐니 해도 회사 안에서 인정받는 분위기를 만들어주면 좋겠지요. 특히 여사원들의 경우, 직장생활을 하는 이유가 다양하겠지만 가장 큰 이유는 자아실현을 위해서인 경우가 많거든요. 그러다 보니 회사에서 인정받는 걸 대단히 중요하게 생각해요. 회사에서 인정받는 기회가 많아지면 자아실현의 꿈도 이룰 수 있겠죠. 그래서 저는 인정받는 분위기가 제일 중요하다고 생각해요.
코 치	인정받는 분위기가 중요하다는 것에 공감합니다. 어떻게 하면 이 부분에 대해 실행력을 더 높일 수 있을까요?
유 사장	결국 직원들이 소통을 통해 인정받는 느낌이 들도록 해야 할 것 같습니다. 리더 자리에 있다 보니 자기 계발서나 코칭 관련 책을 찾아 읽었어요. 그런데 문제는, 머리로는 아는데 실천에서 계속 문제가 생기는 거예요. 사실 지금 우리 조직에 뭐가 필요한지, 어떻게 하면 되는지에 대한 답은 저도 알고 있어요. 그런데 실천이 어렵고 원활한 소통도 안 되다 보니 직원들을 인정해주기보다 책임을 물을 때가 많아요. 직원들의 스트레스도 올라가고 계속 악순환이지요. 그래도 이전 사장보다는 제가 좀 널널하다고 직원들이 말하긴 하지만 좀 답답해요. 문제는 제가 바뀌어야 한

다는 건데…. 저부터 인정해야 하는데 제 문제라 그런지 인정하기가 어렵네요. 말을 하다 보니 제 자신이 '소통을 통해 직원들에게 얼마나 안정감을 주고 있나' 반성이 돼요. 한 달 후에 조직 개편이 있을 예정인데 부하직원들이 불안해하지 않도록 신경을 써야 할 것 같아요.

직관을 어떻게 활용해야 하는가

중간점검에서 처음 주제를 다시 확인시키고 직원들의 불안 지수를 낮추며 만족스러운 환경을 만들기 위해 지금 당장 실천할 수 있는 것을 물었다.

"이쪽 세계는 계속 변화하는 비즈니스 분야인데, 앞으로의 변동을 두려워할 필요가 없을 것 같아요. '지금부터 무엇을 준비해야 할 것인가'에 대해 직원들이 똑바로 인지할 수 있도록 부서가 나뉘는 상황에 대해서도 진정성을 가지고 이야기해줘야겠어요. 그렇게 작은 것부터 노력하면 점차 안정적으로 일하게 되고 만족감도 높아지겠지요. 우리 회사의 경영철학을 다시 한번 숙지하고 회사의 소울soul에 대해서도 진지하게 고민해보겠습니다. 그 모든 내용과 함께 그동안 열성을 갖고 일해준 것에 대해 고마움을 담아 직원들에게 이메일을 전달하겠습니다."

실천 의지와 회사의 경영 철학을 분명하게 알고 있는 유 사장에게 지지를 보냈다. 그리고 "조직의 만족도를 높이기 위해 진정성을 가지고 이야기하겠다"라는 그를 위해 피드백 시간에 코칭에서의 '진실 말하기 효과성'을 간단하게 소개했다. 코칭은 상호 신뢰하는 관계의 토대 위에서 효과를 기대할 수 있다. 마찬가지로 조직의 CEO 역시 부하직원과의 상호 작용에서 신뢰가 기반이 되어야 진실을 나눌 수 있다. 유 사장은 "코칭 피드백을 통해, 직원들과 마음으로 연결되는 것이 불안 요소를 줄이고 안정적인 조직 환경을 만들 수 있는 열쇠인 것을 알게 되었다"라고 했다. 코칭을 마무리할 때쯤 오늘의 코칭 주제에서 빠진 것은 없는지 점검해보도록 했다.

"글쎄요. 처음에도 말씀드렸지만, 제 순간적인 직감에 따라 의사결정을 할 때가 있어요. 그러다 보니 부하들이 조금 불안해하는 부분이 있는데, 그걸 오늘 대화에서 간과한 것 같네요. 비즈니스를 오래하다 보면 이거 '된다', '안 된다' 하는 감이 오는데 그게 한마디로 '직감'이라는 것이지요. 그걸 딱히 설명하기는 어렵지만 이 세계에 살면서 터득한 경험에서 오는 무시할 수 없는 감이 있어요. 그 직감으로 엄청 성과를 보기도 했지요. 그런데 그게 매번 맞으면 대박인데 제가 아직 선수 수준은 못 돼서 가끔 큰 실수를 합니다. 그것만 줄여도 부하직원들이 더욱 안정적으로 일할 수 있을 것 같아요. 조직 생활에서 직감이 중요할까요?"

"그럼요. 저도 조직 생활에서 직감은 매우 중요하다고 생각합니다. 그러나 단순한 감정에서 느껴지는 건지 아니면 경험에서 오는 통찰인지 잘 판단하셔야 하지요."

유 사장에게 '감感'이라는 것은 코칭의 결정적 대화 과정에서 자주 언급되는 '직관'과도 연결지어 생각해볼 수 있다고 설명해주었다. 직관적 능력은 논리적인 사고를 통해 문제를 해결하는 것이 아니라, 논리를 초월하여 단숨에 문제를 해결하는 즉각적인 판단 능력을 말한다. CEO가 선입견이 배제된 직관을 잘만 사용하면 회사에 많은 유익을 가져올 수 있다. 그러나 자신의 직관만을 과신하거나 주관적인 판단에 치우칠 때는 매우 위험한 방법이 될 수도 있으므로 주의해야 한다.

지금까지 쌓아온 경험과 지식을 어떻게 활용하고 있는가

코칭에서 피코치가 중요한 것에 초점을 맞추도록 하는 것 못지 않게 고객 스스로 실천에 대한 책임을 지도록 책임능력을 자각하게 하는 것이 중요하다. 코칭을 마치며 유 사장에게 책임능력을 점검해볼 수 있는 질문을 던졌다.

"사장님, 마지막으로 사장이라는 자리의 책임감을 생각하면서, 직원들의 불안감 해소를 위해 하실 수 있는 일을 정리해볼까요?"

"이제 함부로 감만 갖고 경영을 하면 안 될 것 같습니다. 오랜 시간 비즈니스를 하며 익힌 경험으로부터 나오는 노하우들이 있었어요. 이론적으로 뭘 배워서 아는 것보다도 직감적으로 '이건 틀림없이 된다'라는 확신이 오는 게 있거든요. 그런 걸 직관이라고 한다면 그 일은 성공률이 높았던 것 같아요. 그런데 감정이 앞서거나 축적된 경험이 부족한 영역에서는 실수를 많이 했던 것 같습니다. 그런 건 직관이라고 보기 어려운건데, 제가 무모하게 밀어붙인 것 같네요. 제 기분에 따라 감으로 막 나가니까 직원들도 더 불안해하고…. 이제 그런 것만 잘 구분해도 직원들이 덜 불안해할 것 같아요."

유 사장의 경우처럼 비즈니스에서 직관을 사용하는 것은 약이 될 수도, 독이 될 수도 있다. 진지한 고민이나 경험 없이 순간적으로 떠오르는 생각을 무조건 직관이라 믿고 따라가는 것은 위험하다. 그렇다면 성과를 창출하는 직관에는 어떤 특징이 있는가? 바로 축적된 '경험적 지식'과 '노력'이다.

이탈리아의 위대한 조각가요, 화가인 미켈란젤로는 어느 날 한 귀족으로부터 "내 모습을 닮은 흉상을 만들어 달라"는 부탁을 받았다. 미켈란젤로는 그 귀족의 모습을 보고 직관적으로 '흉상을 어떻게 만들면 상대방이 만족스러워할지' 알아차렸다. 그는 직관을 사용하여 떠오른 조각의 모습을 형상화했다. 마치 살아있는 것처럼, 실물과 흡사하게 만들어냈다. 놀라운 것은 단지 열흘 만에 훌륭하고 섬세한 조각품이 만들어졌다는 것이다. 예상치 못한 짧은 기간에 자신의 흉상을 받게 된 귀족은 감탄사를 연발했다. 그런데 자신이 생각했던 것보다 비싼 값을 부르자 "너무 비싸다"라고 불평을 늘어놓았다. 그러자 미켈란젤로는 다음과 같이 말했다.

"내가 흉상을 열흘 만에 만들 수 있었던 것은 30년 동안 조각에 바친 '노력'이 있었기 때문입니다."

그러자 그 귀족은 아무 말도 하지 못하고 미켈란젤로가 요구한 작품 값을 건네주었다. 그는 열흘 동안 미켈란젤로가 투자한 짧은 시간만 계산했지 그가 어떻게 단시간에 그토록 훌륭한 작품을 만들었는지

는 전혀 생각하지 못한 것이다.[5]

미켈란젤로의 예화처럼, CEO가 직관을 비즈니스에 성공적으로 활용하려면 그 영역에서 축적된 경험적 지식과 반복된 훈련을 직관에 녹여낼 수 있어야 한다. 한 분야에 모든 생각을 집중하고 몰입할 때 순간적으로 번뜩이는 아이디어가 '아하!' 하고 터지는 것과 같은 이치다. 위대한 성공은 열정을 가지고 달려온 노력 없이 결코 한순간에 만들어질 수 없다.

지금 당신이 하고 있는 그 비즈니스에 대해 최고의 전문가는 누구인가? 바로 그 일을 이끌고 있는 CEO 자신이다.

Self Coaching

"CEO로서 지금까지 쌓아온 경험과 지식을 어떻게 활용하고 있는가?"

"나는 직관의 힘을 어떻게 발휘하고 있는가?"

"나는 다른 사람들에 의해 어떤 방식으로 영향을 받는가?"

"아무리 어려워도 소신을 지키고 싶어요"

소신과 가치를 세우고 지키는 CEO

코칭이 회사를 키운다.

_에노모토 히데타케

"코칭이 우리 기업에 도움이 될까요?"

가끔 CEO들로부터 받는 질문이다. 기업이 코칭을 도입하는 이유는 다양하지만 기대하는 바를 두 단어로 압축하면 '변화'와 '성장'이다. 코칭을 받으면 모든 개인과 기업은 변화하고 성장하게 된다. 코칭은 코칭 받는 사람의 변화 의지 만큼 성장과 성과가 반드시 나타나기 때문이다. 일본 최고의 마스터코치 에노모토 히데타케는 기업코칭을 통해 나타나는 성과로 '사풍社風의 향상'[6]을 꼽았다. 회사 분위기와 직원들의 사기가 달라지니 동기부여도 잘되고 매출도 당연히 올라갈 수밖에 없다는 것이다.

기업을 대상으로 코칭 계약을 맺을 때는 보통 3개월에서 6개월 정도의 기간을 정하고 주 1회 정도, 총 10회에서 12회 코칭을 진행한다.

가끔 기업의 요구 상황에 따라 8회 정도의 아주 짧은 기간에 마치는 경우도 있다. 기업코칭은 CEO코칭부터 임원코칭, 중간관리자 코칭, 팀장코칭, 매니저코칭, 사원코칭 등 각 조직의 특성과 요구에 따라 다양하게 진행된다. 회사의 규모에 따라 사내 코치를 두는 대기업도 있지만 우리나라는 대부분 외부 코치에게 코칭을 받는다. 외부 코치는 회사를 객관적인 시각으로 바라보는 데 도움을 주기 때문이다. 또한 구성원과 직접적인 이해 관계가 없기 때문에 코칭 받는 사람이 더 솔직하게 자신의 이야기를 꺼낼 수 있다는 장점이 있다. 종종 그 회사 CEO나 임원이 외부 코치로부터 코칭을 배워 자신의 회사에서 코치형 리더 역할을 하는 경우도 있다.

나는 1주일에 한 번씩 CEO들을 대상으로 그룹코칭을 진행했다. CEO들은 그룹코칭을 통해 코칭 기술을 익히고 자신의 리더십을 점검한다. 때로는 서로의 경영 노하우도 나눈다. 최근에는 CEO뿐만 아니라 다양한 영역의 전문가들도 그룹코칭에 함께 참여토록 하여 경영 시각을 넓힐 기회를 마련해주고 있다. 그룹코칭 교육은 2~3개월 단위로 진행된다. 코칭 교육을 마칠 때쯤에는 그동안 배운 코칭 기술을 본인의 삶이나 사업에 적용해본 내용을 발표하게 한다. 그때 코칭 교육에 함께 참여한 구성원들이 서로의 발표를 통해 유익한 정보와 지식을 공유하게 된다. 코칭 교육을 받으며 터득한 코칭 기술을 자신의 삶이나 사업, 조직에 기가 막히게 응용하는 모습들을 보며 속으로 감탄할 때가 한 두 번이 아니다.

"일보다 사람들 때문에 마음이 많이 상해요"

그룹코칭 교육을 진행하는 기간 동안 한 사람씩 따로 일대일코칭 시간을 가지기도 한다. 그룹코칭만 받다가 한 시간 남짓의 일대일코칭 순서가 되면, 코칭 받는 대상자들은 모두 진지하게 코칭 주제를 준비해온다. 대부분 일대일코칭 시작 전에 "한 시간 동안 어떤 주제로 코칭을 받아야 하나 얼마나 많은 고민을 했는지 모릅니다"라며 고심해서 선택한 주제를 꺼낸다. 10~12회 정도 횟수를 정하고 기업에 직접 가서 일대일 임원코칭을 진행할 때는 본 적이 없는 간절함이 있다. 그룹코칭 교육에 참여해 일대일코칭을 받는 CEO들은 이 한 시간에 회사의 사활이 달린 것처럼 그 시간을 아주 중요하게 생각한다. 코치로서 모든 코칭에 최선을 다하지만, 간절함이 느껴지는 이 한 시간 동안은 기도하는 심정으로 그들의 코칭 주제에 온 마음을 집중한다.

섬유원단 수출사업을 하는 진 사장도 CEO 그룹코칭의 일원이었다. 언제나 의욕과 열정이 넘치는 젊은 CEO인 진 사장은 일대일코칭에도 매우 진지하게 임했다. 그가 어떤 코칭 주제를 꺼내놓을까 궁금하던 참에 진 사장이 입을 열었다.

"제가 오늘 코칭 주제를 뭘로 할까 고민을 많이 했는데요. 음…. 저희 회사는 섬유 분야라 지금까지는 대량생산을 하는 일본과 유럽을 쫓아가고 있었어요. 근데 지금 한국이 그 바톤을 이어 대량생산을 하고 있거든요. 심각한 문제는 대부분 한국 공장들이 중국으로 넘어갔다는 겁니다. 한국 공장들은 해를 거듭할수록 문을 닫게 되고 생산설비 투자는 더 이상 안 하고 있고요. 여기 섬유 쪽 산업은 주로 3교대,

2교대로 일하는데 직원들 평균 나이가 55세예요. 그래서 야근을 싫어하고 젊은 사람들은 이쪽으로 아예 안 뛰어 들려고 해요. 저 같은 40대가 별로 없어요."

"정말 심각한 상황이군요."

"네, 정말 심각해요. 이대로 나가면 정말 큰일이지요. 저희 같은 젊은 사람들의 관심은 없고 중국에서 만들 수 있으니까 굳이 투자개발을 안 하지요. 점점 이쪽 산업이 무너지는 추세예요. 예전에는 이런 경우 아이템을 갈아탔는데 지금은 무엇을 생산해서 팔아야 할지 모르겠어요. 요즘 섬유업계 고급시장 추세가 '다품종 소량화'로 바뀌고 있어요. 중국 시장에서는 자기네 생산품의 퀄리티나 브랜드 가치도 높아지니까 나름대로 기대하지만, 저희 쪽에서는 준비를 하지 않으면 타격이 굉장히 커요. 이제 한미 FTA 자유무역협정으로 북한의 싼 노동력까지 가세한다면 한국은 더 이상 발붙일 곳이 없어요. 북한의 싼 노동력으로 그쪽이 생산기지국이 될 수도 있다고 보거든요. 어쨌든 지금까지 해온 이 섬유사업을 책임감 갖고 끝까지 도전해서 성공 궤도에 올려놓고 싶은데, 일보다 사람들 때문에 마음이 많이 상해요."

진 사장이 코칭 받고 싶은 진짜 주제는 장황하게 이야기한 사업 상황이 아니라 결국 '사람'이었다.

"이쪽에서는 비즈니스를 '생물'이라고 해요. 너무 많은 변수가 있거든요. 마치 살아있는 바둑판과 같아요. 문제가 없는데 문제를 만들어서 이득을 취하는 사람도 있고요. 정직하게 사업하는 게 쉽지 않아요. 돈보다 더 중요한 게 있는데 말이죠. 같은 업종에 있는 사람들끼리도 속마음을 털어놓고 일하기가 너무 어려워요. 제가 마음을 좀 더 다부지게 먹어야 할 것 같아요. 그래서 정직하게, 소신을 끝까지 지키는 사장이 되고 싶어요. 앞으로의 코칭도 사장의 이런 가치적인 부분에 대해 코칭 받고 싶어요."

아프리카의 엄지손가락에 얽힌 우화

코칭에서 고객과의 주제 합의는 대단히 중요하다. 한 시간 동안 진행되는 코칭에서 주제는 한 가지만 정해서 진행한다. 그러나 코칭 받고 싶은 주제를 물으면 대부분의 사람들이 한꺼번에 여러 가지를 내놓고 해결받으려고 한다. 그때 코치는 그중에서 가장 우선순위가 높은 것을 물어본다. 가장 중요하거나 시급한 한 가지를 정하라고 하면 대부분 자기가 가장 원하는 주제를 고른다. 그러나 때로는 자기 욕구를 잘 파악하지 못하는 경우도 있다. 스스로 자신의 욕구를 파악하도록 하기 위해 코치는 세부 주제들을 나눠서 10점 만점의 척도질문을 한다. 가령, "A주제로 코칭 받았을 때 만족도는 몇 점인가요? 그렇다면 B주제로 코칭 받았을 때 만족도는 몇 점인지요?"라고 묻는 것이다. 그러면 대부분의 경우 하나의 주제를 잘 선택해서 진행할 수 있게 된다. 사람에 따라 코칭 주제가 바로 나오기도 하고 한참이 걸리기도 한다. 중요한 포인트는 코칭 주제를 명확히 잡기 위해 코치가 고객의 욕구를 발견해주는 데 있다.

진 사장은 "불의와 타협하지 않는 CEO로서의 소신을 지키고 싶다"

는 주제로 한 시간 동안 코칭을 받고 싶어 했다. 진 사장에게 코칭에서 사용하는 메타포metaphor라는 은유 기술을 사용했다. 이 기술은 이야기 형식의 비유나 풍자 등을 통해 상대방에게 교훈적인 메시지를 전달하는 기술이다. 피코치에게 저항을 주지 않고 효과적으로 메시지를 전달하기 때문에 코칭에서 가끔 사용한다.

"진 사장님, 혹시 아프리카의 엄지손가락에 얽힌 우화를 아세요?"

"아니요, 엄지손가락 우화요? 그게 뭐예요?"

"아프리카 우화예요. 원래는 네 개의 손가락과 엄지손가락이 한 손에서 같이 붙어서 살았다고 해요. 이들은 서로 떨어질 수 없는 아주 친한 친구들이었어요. 그런데 어느 날 그들 옆에 번쩍번쩍한 금반지가 놓여 있는 것을 보고 욕심이 생긴 거예요. 네 개의 손가락은 아무도 보지 않으니 그것을 훔치자고 말했어요. 그런데 엄지손가락은 반지를 훔치는 것은 나쁜 행동이라고 말하며 협조하지 않았어요. 그랬더니 다른 네 손가락이 엄지손가락을 가리켜 혼자 잘난 체하는 겁쟁이라고 비난하며 그와 친구하기를 거부했대요. 엄지손가락은 친구들의 행동에 마음이 무척 아팠지만 그래도 다른 사람의 물건을 훔치는 일에 가담하지 않았어요. 그래서 결국 엄지손가락이 다른 손가락들과 떨어지게 되었다고 합니다."[7]

이 아프리카 우화를 전하자 진 사장의 표정이 매우 밝아졌다.

"엄지손가락처럼 저에게 용기가 더 있으면 좋겠네요. 이제 더 이상 어리석은 고민으로 머리가 빠지지 않아도 되겠어요. 제가 고민을 많이 해서 머리카락이 정말 많이 빠졌거든요."

"힘든 일이 많으셨군요. 어떤 고민이 그렇게 많으셨어요?"

"네, 아까도 제가 사람 때문에 사업하기가 참 힘들다고 했잖아요. 잘못된 걸 보고도 타협하고, 없는 일로 덮고, 제 이득만 취하는 건 양심상 할 수가 없어요. 제가 이 사업을 하면서 가장 힘들었을 때가 있었어요. 처음 저를 사장으로 스카웃한 사람이 고의적으로 저를 속이고 자신의 이득만 취하려고 했던 것을 알게 된 때였지요. 저에게 좋은 조건들을 얘기했지만 지켜진 건 하나도 없었고 불신만 커져 갔어요. 뒤통수를 계속 맞았고요."

"뒤통수를 맞았다고요?"

"네, 처음에는 회사라는 곳이 이익을 추구하니까 그럴 수 있다고 생각했어요. 불합리한 것도 어느 정도 예상을 했지만 실제로 저를 이용하는 모습에 화가 많이 났어요. 사업 관계에서도 정직과 멀어지는 게 자꾸 보이니까 '이건 아니다'라는 생각이 들고 머리에서 식은땀이 났어요. 그때부터 윗머리가 조금씩 빠졌습니다. 지금 엄지손가락 우화를 듣고 나니까 어차피 불의와 타협하는 건 제게 어려울 것 같습니다. 그들과 무리지어 함께 섞이기는 쉽겠지만 혼자 선다는 것은 쉽지 않겠지요. 엄지손가락처럼 뚝심과 용기가 필요할 것 같다는 생각이 드네요. 마치 제가 엄지손가락이 된 것 같아요."

"만약 이 엄지손가락이 진 사장님이라고 생각한다면 앞으로 사업하실 때 부딪히는 사람들을 어떻게 대하시겠어요?"

"오늘 엄지손가락 우화를 듣고 많은 깨달음을 얻었어요. 정직이라는 소신을 지킨 만큼 최고의 자리를 얻었다고 생각합니다. 앞으로도 최대한 상대방을 존중해주되 그들이 정직하지 않다면 타협할 생각이 없습니다. 제 앞길이 불확실해서 불안함이 느껴질 때도 있겠지요. 하지만 지금까지 많은 시련을 잘 극복해온 것처럼 앞으로도 그렇게 정직하게, 제 소신대로 해나가면 더 좋은 미래가 펼쳐지리라고 봅니다. 그러다 보면 저를 알아주는 좋은 사업가도 만날 수 있겠지요."

"멋진 생각입니다. 진 사장님의 10년 후 모습을 구체적으로 그려본다면 어떤 모습일까요?"

"아마 10년 후쯤에는 저를 삐딱하게 보던 동종업계의 사람들도 '당신이 그렇게 소신을 갖고 정직하게 일했기에 그래도 우리 산업이 죽지 않고 살아남았다'고 인정해주지 않을까 생각합니다. 그때는 제가 지금보다 훨씬 더 여유 있을 것 같고 이렇게 살아온 제 자신에 대해서도 뿌듯함을 느끼리라 생각합니다."

어떤 소신을 어떻게 지켜 나갈 것인가?

진 사장의 소신을 지지해주며 그의 멋진 미래를 다시 한번 분명하게 그려보게 했다. 그리고 코칭을 마무리하기 전에 '서포터 의자supporter's chair' 기법을 사용하기로 했다. 이 기법은 자신을 지지하는 사람들의 입장이 되어서 자신의 상황을 객관적으로 바라보고 필요한 조언을 얻는 기법이다. 평소 나에게 가장 많은 지지를 해주는 사람을 떠올려보고 그 사람이 나에게 어떤 조언을 해줄 수 있는지 생각해보면 도움이 된다. 어려움을 극복해야 하는 상황에 있거나 새로운 일을 시작할 때도 도움이 된다. 이것은 주로 피코치에게 더 넓은 시각의 통찰력 혹은 자신감이 필요할 때 사용한다.

코 치 　진 사장님, 앞으로 타협하지 않고 소신을 지키며 일하겠다고 다짐하셨는데요, 어떤 상황이 예상되세요?

진 사장 　사람들과 부딪치고 또 사람들의 말에 흔들릴 때도 있겠지만 소신을 지키려면 역시 굳은 의지가 필요하겠지요.

코 치 　네, 맞습니다. 진 사장님, 그렇게 소신을 지키며 일하는 데 사장님을 가장 많이 지지해주고 도와줄 수 있는 사람을 떠올려 보시겠어요? 도움을 많이 주셨던 분도 좋고, 닮고 싶은 분도 좋습니다.

진 사장 　음. 여러 사람들이 떠올라요. 가족, 친구⋯. 그런데 이 일에서 만큼은 제 자신을 떠올려보고 싶네요.

코 치 　네, 좋습니다. 지금 아늑한 공간에서 편안한 의자에 앉아 계신 모습을 떠올려 보시겠어요? 그리고 그 옆에 놓인 다른 의자에는 나를 지지해주고 도와주는 '나 자신'이 앉아있다고 상상해주세요. 그리고 몰입을 위해 잠시 시간을 가져보겠습니다.

　　　진 사장님, 사장님을 가장 많이 지지해주고 도와줄 수 있는 사람으로 나 자신을 꼽으셨지요? 그렇다면 지금 옆 의자에 앉아있는 내가 어떤 격려와 조언을 해줄 수 있을까요?

진 사장 　(잠시 침묵) 그동안 많이 힘들었지? 다 알아. 그래도 지금까지 손해볼지언정 다른 사람에게 피해주지 않고 또 내 양심에 부끄럽지 않도록 잘해온 것, 정말 격려해주고 싶다. 나는 소신을 지키며 살아가고 싶지만 환경은 그렇지가 못해. 때로는 나도 이렇게까지 해야 하나 고민할 때도 많지만, 그래도 지금까지 소신을 지킨다고 나쁜 일만 있었던 건 아니잖아? 고객과의 신뢰도 더욱 돈독해졌고 또 이런 내 마음을 알아주는 사업가 형님들도 만나게 됐고…. 한 번 뜻을 정한 이상, 흔들리지 말자. 힘든 일, 어려운 일이 또 있을 순 있겠지만 모든 일은 지나갈 거야. 그러니 잠깐의 어려움으로 소신을 지키지 못하고 평생 후회하느니 잠깐의 어려움을 잘 이겨내서 언제나 스스로에게 떳떳한 내가 되자.

코 치 진 사장님, 스스로에게 격려와 조언을 듣고 어떤 느낌이 드시는지요?

진 사장 그냥 저도 모르게 힘이 나네요. 흔들리는 순간마다 이렇게 제 자신과 대화를 해보면 도움이 많이 될 것 같아요. 그 누구보다 제 자신에게 떳떳하고 싶다는 마음이 더욱 강해졌어요.

사업을 하다 보면 진 사장처럼 본인이 가진 신념이나 가치 때문에 사람이나 상황과 부딪히기도 한다. 이기적인 목적을 가지고 자신을 이용하려는 사람을 만나기도 하고, 불확실한 사업 투자에 대한 달콤한 유혹을 받기도 한다. 회사 이익과 정직이라는 선택의 기로에 서게 되는 경우도 있을 것이다. 때로는 '소신 있는 선택이 손해라는 결과로 돌아오지 않을까, 유난스럽게 구는 것은 아닐까'하는 강한 두려움과 소외감이 느껴질 수도 있다. 손해를 감수할 각오를 하면서까지 분명한 자기 신념을 지키며 조직을 경영한다는 것은 쉽지 않은 선택이다.

Self Coaching

"어떤 소신을 지켜나갈 것인가?"

"소신과 가치를 지키며 산 10년 후의 내 모습은 어떠한가?"

"어떤 길을 갈 것인가?"

시너지를 높이는 임원·중간관리자 코칭

성과창출이라는 회사의 목표 아래 조직이 시너지를 극대화하려면 조직의 최고결정권자인 임원과 중간관리자 간의 이해와 협력이 절대적으로 필요하다. 이를 위해 기업에서는 임원코칭을 실시한다. 대상자는 최고 관리자급으로 구분된다. 주로 조직 내 최고 책임자 CEO를 비롯한 CFO, 부사장, 전무, 상무, 이사급 임원이 이 그룹에 속한다.

임원과 중간관리자 코칭은 어떻게 이루어지는가

임원코칭은 대개 일대일코칭으로 진행된다. 최근에는 코칭 과정을 구성할 때 일대일 면대면face to face 코칭과 그룹코칭을 병행해서 진행하는 추세다. 임원코칭은 주로 기업의 성과에 초점을 맞추지만, 코칭 과정을 통해 임원 스스로 자기성찰과 리더십 개발이 이루어져 보다 전략적인 경영시스템을 구상하게 된다. 또한 부하직원들과의 원활한 의사소통과 관계개선을 가져오면서 결과적으로는 성과를 창출하고 조직의 주요 핵심 역할을 책임감 있게 감당하게 된다.

반면, 중간관리자급 코칭은 조직 내의 중간 위치에서 위에서 정한 업무 방침에 따라 조직 전체의 팀워크를 유지·조정하게 하며, 조직의 결속력을 강화시켜 최대의 성과를 끌어내는 매개체의 역할을 한다. 일반적으로 회사의 중간관리자는 차장, 과장, 계장, 팀장, 대리 등으로 구성된다. 이들은 조직의 구체적인 목표를 실행하는 주요 실무자 역할을 감당하고 있지만, 최고 관리층과

하위 관리층 두 계층의 상이한 욕구를 중간에서 충족시켜 나가야하는 부담감이 커서 내부경쟁 속에서 자주 역할갈등을 겪기도 한다. 그러므로 중간관리자 코칭은 그들이 조직의 공동목표를 잘 달성할 수 있도록 관계 향상에 포커스를 두어야 한다. 위로는 조직의 최고관리자와의 신뢰를 바탕으로, 아래로는 부하 직원들과 융통성을 발휘하며 효율적인 업무를 잘 담당할 수 있도록 해야 한다.

성과를 백 배 높이는 코치의 역할

성과를 높이고 시너지를 극대화하기 위해 기업이 코치를 고용할 때 기대 수준은 매우 높다. 특히 임원을 코칭하는 프로코치들은 강력한 질문과 맥락적 경청, 직접적인 커뮤니케이션 능력 등 다양한 코칭스킬 외에 직업 윤리지침 준수에 따른 세분화된 코치 역량을 갖추어야 한다. 무엇보다 임원들의 눈높이를 맞출 수 있는 수준이 되어야 하므로 전문적 수준의 뛰어난 코치 역량을 가져야 한다. '코치 = 우수성, 탁월성, 전문성'이 요구되기 때문에 임원 코치들은 숙련된 코치의 자질을 끊임없이 닦아야 한다. 임원 코치는 무엇보다 임원들의 특성을 파악하여 회사의 장기적 성장동력 산업을 임원과 함께 계획하고 목표를 설정하는 능력을 갖추어야 한다. 기업 임원 코치에게는 통찰력 있는 자문 역할이 때때로 요구되기도 한다.

한편 중간관리자 코치는 조직의 성패를 결정짓는 데 중요한 역할을 담당하는 중간관리자를 역량 있는 미래의 임원으로 성장시키기 위해 그들의 특성을 잘 간파해야 한다. 무엇보다 중간관리자가 조직의 방향성을 직시하여 조직 목표 달성, 문제해결, 관계 형성을 위해 부하의 잠재역량을 계발시켜주는 리더로서의 역할을 잘 수행하도록 코칭해야 한다. 중간관리자가 조직 안에서 업무 활동을 원활히 수행해낼 수 있는 능력 있는 코치형 리더가 되기 위해서는 코치 역량에 대한 이해가 필요하다. 이를 위해 임원 코치와 중간관리자 코치는 코칭 받는 대상자가 원하는 목표를 성공적으로 달성해내기 위해 그들 스스로 업무영역에 대한 이해와 지식, 기술을 습득할 수 있는 역량을 갖추도록 하는 코칭 '역량모형개발'에도 힘써야 한다. 역량모형개발은 특정한 직무나 역할을 성공적으로 수행해내기 위해 필요한 주요 능력들이 무엇인지 규명하는 의사 결정도구가 된다.[8]

'실적'과 '관계'에서 최고의 성과를 가져오라

조직의 주요 핵심 구성원인 임원들과 중간관리자들을 위한 코칭의 시너지 효과는 조직 안에서 어떤 파급효과를 가져오는가? 한마디로 요약하면 최고의 성과를 가져온다고 말할 수 있다. 여기서 성과란 단지 매출 단위로 측정되는 성과만을 의미하지는 않는다. 조직 구성원의 친밀한 관계성, 조직원의 역량강화, 리더십과 업무능력 향상, 원활한 의사소통 등 조직 구성원들간의 긴밀한 협력관계 속에 상생하는 원윈 구조가 포함된 성과를 말한다. 최근 국제코치연맹의 마스터 코치MCC 린다 밀러Linda J. Miller는 "코치는 개인적 성장, 목표지향적인 행동, 지속적인 발전을 위하여 조직의 환경을 창조해내는 막중한 책임이 있다"라고 강조하였는데, 임원들과 중간관리자들이 코치형 리더로서 시너지를 극대화시키는 환경을 창조해나간다면 조직은 최고의 성과를 기대할 수 있을 것이다.

무엇이 CEO를 만드는가

2장

나는 존경받는 CEO인가

기억하라. 아무도 당신의 동의가 없이는
당신으로 하여금 열등감을 느끼게 할 수 없다는 것을.
_엘리너 루스벨트

한 조직의 CEO와 임원. 부하직원을 모두 만나보면 그들 사이에 '닮은 모습'을 발견할 때가 더러 있다. 360도 피드백을 할 때 "이런 점은 우리 사장님이 정말 고쳐야 해요"라고 말한 임원이 자신의 부하직원에게 같은 실수를 반복하는 경우가 그러한 때다. 물론 긍정적으로 '닮은 모습'도 볼 수 있다. 회사와 직원들의 분위기가 전반적으로 차분하고 따뜻한 곳에는 어김없이 온유하고 따뜻한 심성을 가진 CEO가 있다.

"명함의 직함만 CEO인가? 부하직원들이 닮고 싶은 CEO인가?"

그 답은 CEO가 '코치형 리더'인가 아닌가에 달렸다. 코치 마인드를 품고 있는 CEO라면 저절로 '닮고 싶은 CEO'가 될 수밖에 없다. 코칭적 사고는 '실적'과 '관계'에서 최고의 성과를 가져오는 지혜를 담고 있기 때문이다. 사려 깊은 존중과 이해, 잠재 가능성을 믿어주는 마음, 상대방의 성장을 바라는 진심은 상대방을 '진짜로' 성장하게 만든다. 그러나 애석하게도 우리나라의 많은 대기업과 중소기업에서 코칭하며 '사람'이 '일'에 함몰되어 정작 '일'이 진행되지 못하는 경우를 많이 봤다. 더불어 "이 정도면 부하직원들이 따를만하지 않는가?"라고 생각하는 CEO는 많이 보았지만 "저는 우리 사장님처럼 살고 싶습니다!"라고 말하는 부하직원은 거의 보지 못했다.

솔직히 CEO의 입장에서 직원들에게 존경을 받기란 쉽지 않다. 살벌한 경쟁 속에서 CEO는 직원과 조직 전체를 살려내야 한다는 압박감과 책임감이 너무 큰 사람들이다. 마음의 여유가 없다 보니 굳은 표정과 긴장된 모습으로 말하는 서툰 칭찬은 오히려 역효과가 날 수도 있다. 칭찬에도 기술이 필요하다. 그래서 코칭에서는 칭찬의 기술을 따로 다루기도 한다. 예를 들면, 단순히 추상적인 말로 칭찬하는 것이 아니라 진정성이 전달될 수 있도록 구체적인 말로 칭찬을 하는 것이다. 직원들이 하는 행동을 잘 관찰해서 그들의 행동에 가치를 부여해보자. 단순히 "좋아", "멋진 걸"보다는 좀 더 구체적으로 "지난번보다 열심히 일하더니 실적이 아주 좋아", "이번 협상에서 우리 입장을 잘 전달

해주었네. 아주 멋진 걸"이라고 말해주는 것이다. 구체적인 말로 칭찬하면 직원들은 진심으로 인정받은 기분이 들어 만족감이 높아진다. 자신의 존재를 인정해주고 지지해주는 CEO를 존경하게 된다.

'존경하다'는 영어로 'respect'다. 're 다시'와 'spect 보다'가 만나 이루어진 단어다. 존경받는 CEO가 되는 첫 걸음은 바로 조직과 조직원을 날마다 '다시re 보는spect 자세'다. 어제의 실패와 부족함을 마음에 담고 바라보기보다 오늘 새로운 시각으로 다시 보는 자세가 필요하다. CEO는 자신의 조직과 조직원을 그 누구보다 믿어주고 격려해줄 수 있어야 한다. 베리 스티븐스Barry Stevens는 "사람들을 바꿀 수 있는 한 가지 길은 그들을 다른 시각으로 보는 것이다"[9]라고 했다. CEO의 시각이 코치의 시각, 즉 편견 없는 에고리스한 시각과 무궁무진한 잠재력을 믿는 시각으로 바뀐다면 부하직원들에게 신뢰받는 CEO가 될 수 있다. 이렇게 CEO가 먼저 조직원을 다시 볼 때, 조직원들도 CEO를 다시 보게 된다.

고개를 돌려 자꾸만 다시 보게 되는 것, 다시 보며 그 길을 묵묵히 같이 가게 되는 것. 존경한다는 것은 그런 것이 아닐까?

"사장님 덕분에 희망을 갖고 살았습니다"

직원들의 롤 모델이 되는 CEO

> 오랫동안 꿈을 그리는 사람은 마침내 그 꿈을 닮아간다.
> _앙드레 말로

CEO에게는 여러 사람의 눈이 향해 있다. 특히 타인의 평가에 민감한 우리나라 정서에서 CEO는 최상의 자기관리를 위해 타인과의 관계에도 많은 신경을 써야 한다. 경영은 결국 사람과의 관계를 벗어날 수 없기 때문에 CEO의 대인관계 능력은 매우 중요하다. 또한 CEO라면 사람 보는 눈이 있어야 한다. 어떤 사람과 관계를 맺고 어떤 부하직원과 일을 하느냐에 따라 경영의 질이 달라지기 때문이다. 경영을 잘하든 못하든 CEO는 재직 당시는 물론 자리에서 물러나서도 끊임없이 평가를 받는다. CEO로서 왕성하게 활동할 때의 평가도 중요하지만, 경영 일선에서 물러난 이후에도 더욱 존경받고 타인의 귀감이 된다면 정말 값진 인생이라고 할 수 있을 것이다.

"사장님 덕분에 인생을 포기하지 않았어요"

지금으로부터 40여 년 전, 석탄 산업이 한참 붐을 일으킬 때 설 사장은 대학을 졸업하고 강원도 탄광촌의 한 고등학교에 영어 교사로 부임하게 됐다. 그 당시는 모두가 어려웠던 터라 전국에서 무수히 많은 남성들이 돈을 벌기 위해 고한, 사북, 정선, 태백 등 강원도 탄광촌에 모여들었다. 대부분의 광부들은 갱에 들어가 석탄을 캐며 언제 죽을지 모른다는 불안함 속에서 하루하루를 살아야 했다. 불안한 인생을 탓하며 우울하게 사는 사람들도 있었지만, 그 가운데서도 성실하게 가정을 지키며 자녀 교육에 힘쓰는 광부도 많았다. 광산촌의 아이들은 맑은 시냇물을 보지 못하고 늘 새까만 시냇물을 본 탓에 사생대회를 하면 물 색깔을 검정색으로 그렸다. 설 사장은 그곳에서 전 국민의 땔감으로 쓰이는 연탄에 관심을 갖게 되었다. 그래서 교사를 그만두고 한 석탄 광업소에 취직했다. 낮에는 석탄 광업소 현장 소장으로 일하고, 밤에는 야간 공부반을 만들어 광산촌 아이들을 가르쳤다.

그러던 어느 날 경영 부실로 석탄 광업소가 문을 닫아야 하는 지경에 이르렀다. 설 사장은 모든 빚을 떠안고 그 회사를 인수했다. 그에게는 큰 모험이었지만 다행히 인수한 후에 석탄 거래가 활발해져 부채를 빨리 해결할 수 있었다. 인명 사고 없이 사업은 날로 번창해나갔다. 석탄을 가득 실은 화물 기차가 서울 청량리역으로 향하는 선로를 달릴 때면, 설 사장은 연탄이 들어갈 각 가정을 생각하며 마음이 뿌듯해지곤 했다. 그는 후에 사업 영역을 계속 확장하여 큰 부자가 되었다.

설 사장은 늘 광부들의 어려운 삶에 관심을 가졌다. 가정 형편이 어려우면서도 술과 노름으로 하루저녁에 한 달 월급을 탕진하는 광부도 많이 봤고 그 피해가 자라나는 아이들에게 고스란히 가는 것도 지켜보았다. 그래서 늘 직원들에게 자녀 교육을 강조했다. 그는 광부의 아이들을 위해 장학금 지원도 많이 했다. 특히 도시락을 챙기지 못해 점심을 굶거나 육성회비를 내지 못하는 광부의 자녀들에게는 대신 회비를 내주거나, 집 주소를 알아내어 쌀 배달을 하는 등의 보이지 않는 선행을 많이 했다. 설 사장이 그렇게 어려운 사람들을 도울 수 있었던 것은 과거 어머니의 가르침이 있었기 때문이다. 설 사장은 그러한 자신의 선행이 다른 사람들에게 알려지지 않도록 늘 조심했다.

시간이 많이 흘러 설 사장은 경영 일선에서 물러났고 자녀들도 모두 잘 성장했다. 설 사장의 큰딸이 결혼을 한다고 해서 예식장에 갔다가 가슴이 뭉클해지는 장면을 목격하게 됐다. 신부 측에 초대받은 하객들이 부조를 하려고 줄을 서있었는데, 낯선 사람들이 버스에서 우르르 내려 길게 줄을 서는 것이었다. 설 사장 부부가 "어디서 저렇게 많은 손님들이 단체로 오셨을까?" 궁금해하고 있을 때 그들 가운데 대표인 듯한 사람이 설 사장 앞으로 뚜벅뚜벅 걸어왔다.

"설 사장님, 따님 결혼 축하드립니다."

"네, 감사합니다. 그런데 실례지만 어디서 오신 분들인가요?"

"사장님, 저희 기억 안 나시지요? 사장님한테 어려울 때 신세 정말로 많이 졌던 그때 그 광부들입니다. 그 당시 설 사장님 덕분에 저희가 인생을 포기하지 않고 희망을 가지고 살았지요. 사장님 따님이 결혼한다고 해서 전국 각지 연락되는 사람들 모두 모여서 버스 몇 대 대

절해 왔습니다. 오랜만에 저희들끼리 얼굴도 보고요.”

그 말을 들은 설 사장 부부와 광부였던 그 하객들은 서로가 뜨거운 포옹을 하였고 많은 하객들이 그 장면을 보게 되었다. 설 사장은 그날 큰딸의 결혼도 기뻤지만, 어려움을 나눴던 광부들이 자신을 잊지 않고 찾아와준 것에 깊은 감동을 받았다. 분명히 아무도 모르게 한 일이라고 생각했는데, 도움을 받았던 광부들끼리 선행의 주인공이 누군지 찾아내어 마음 깊은 곳에 간직했던 것이다.

설 사장의 이야기는 코칭적인 관점에서 여러 각도로 재조명해볼 수 있다. 그중에서도 설 사장에게는 ‘본보기’가 되는 어머니가 있었다. 어려운 이들을 돕는 어머니가 그에게는 롤 모델이었던 것이다. 그 또한 직원들에게 닮고 싶은 롤 모델이 되어주었다.

퇴임 이후 어떤 CEO로 기억되고 싶은가?

CEO는 많은 사람들의 롤 모델이 된다. CEO가 또 다른 CEO를 본보기로 삼고 그의 비즈니스 성공모델을 모방하기도 한다. GE의 CEO였던 잭 웰치Jack welch의 후계자 제프리 이멜트Jeffrey Immelt는 비즈니스에서 “언제나 웰치를 본보기로 삼는다”[10]라고 강조하며 회사의 커뮤니케이션을 웰치처럼 명확하고 단순하게 하려고 노력했다.

코칭에서 롤 모델은 대단히 중요하다. 누구를 닮고 싶어 하는지에 따라 성공 경험이 달라지기 때문이다.

나는 코칭에서 NLPNeuro Linguistic Programming 코칭 기법을 자주 사용

한다. NLP는 신경neuro과 언어linguistic, 프로그램programming의 줄임말로 "신경체계와 언어와의 상호작용에 대한 구조를 보다 체계적이고 조직적으로 탐구하는 기법"이다. 우리가 사용하는 말이 어떻게 신경체계에 영향을 미치고 긍정적인 행동 변화를 이끌어낼 수 있는지를 탐색하기 위해 수많은 NLP 기술들이 사용되고 있다. 결국 탁월한 성취를 위해서 이 기술들을 사용하는 것인데, NLP에서는 모델링modeling 기술이 매우 중요하게 다루어진다. NLP의 창시자는 존 그린더John Grinder 교수와 리차드 밴들러Richard Bandler다. 이들은 탁월한 업적을 성취한 사람의 행동유형을 완전한 형태로 '모방'하여 따라해본다면 그들처럼 성공적인 결과를 얻을 수 있다고 확신했다. 그래서 모방 과정에서 얻은 결과를 체계화하고 구조화하여 많은 사람들이 따라서 학습할 수 있도록 만든 것이 NLP의 시작이 되었다.

모델링 기술을 비즈니스에 가장 잘 활용하는 나라는 중국이다. 최근 중국은 세계 경제를 선도하며 빠른 속도로 성장하고 있다. 마오쩌둥과 화궈펑 이후 실권을 장악한 덩샤오핑鄧小平은 시장경제 도입 후 과감한 개혁 조치로 중국을 경제대국으로 성장시킨 지도자로 평가받는다. 덩샤오핑이 집권했을 때 중국은 대부분이 농업에 종사하는 초기 산업화 단계의 국가였다. 대다수 농부들은 가족을 굶기지 않을 정도의 최저 수준의 삶을 영위하고 있었다. 하지만 불과 30여 년 만에 중국은 중간소득 국가로 올라섰고 세계 최대 산업 생산국으로 발전했다. 이 같은 발전의 상당 부분은 기술 모방을 통해 선진국들을 따라잡는 전략 덕분이었다.[11]

이처럼 '누구를, 혹은 무엇을 모델로 삼을 것인가'는 한 사람, 한 기업 나아가 한 나라의 미래까지 좌우할 수 있다.

Self Coaching

"나의 롤 모델은 누구인가?"
"나는 누군가의 롤 모델이 되어주고 있는가?"
"나는 어떻게 기억되고 싶은가?"

"자신감 있는 지도자가 되고 싶습니다"

온유하고 겸손한 CEO

> 겸손해져라. 그것은 다른 사람에게
> 가장 불쾌감을 주지 않는 종류의 자신감이다.
> _쥘 르나르

코칭을 하면서 안타까움이 느껴지는 경우가 종종 있다. 리더의 인격으로 인해 조직원들이 상처를 받거나 조직 전체가 힘들어지는 상황을 목격할 때다. 물론 훌륭한 인품을 가진 이들도 많이 만난다. 훈련된 코치보다도 훨씬 더 코치다운 그들의 성품에 오히려 감동을 받기도 한다. 오랜 시간 공무원으로 재직하며 최고의 자리에까지 올랐음에도 한결같이 겸손한 양 이사장은 내게 그런 감동을 준다. 공무원으로서 유종의 미를 거두고 다음 행보를 준비하는 그는 '닮고 싶은 리더'다.

차가운 눈바람이 매섭게 몰아치던 어느 새벽, 나는 양 이사장과의 코칭을 위해 집을 나섰다. 그는 "고위 공무원이라도 업무 중간에 시간을 내는 것이 쉽지 않다"며 업무 시작 전에 코칭을 받고 싶다고 했다. 집무실의 아침 풍경은 분주했다. 부하직원들도 새벽부터 나와 바쁘게 하루를 시작하고, 전날 밀린 업무 탓인지 관계부서 사람들이 대기해 있는 경우가 많았다. 양 이사장과는 오전 7시부터 8시까지 코칭을 했다. 이 책을 쓰기 얼마 전 그를 만날 기회가 있어 첫 코칭 시간에 나눴던 내용을 이야기하니 "제가 그랬었나요? 허허" 하며 겸연쩍어했다. 그와의 코칭 첫 시간은 아직도 기억에 생생히 남아있다.

그는 국내 명문대를 나와 행정고시 합격 후 요직을 두루 거쳤다. 그러나 양 이사장에게서 한번도 권위적인 느낌이라든가 자랑을 늘어놓는다는 인상을 받아본 적이 없다. 그와 본격적인 코칭을 시작하기 전에 부하직원들과 사전 피드백 시간을 가졌다. 부하직원들은 "양 이사장님의 리더십이 정말 온유하지만 일에 있어서는 매우 꼼꼼하다"며 "자기 몸을 아끼지 않고 너무 열심히 일하셔서 건강도 돌보면서 일하셨으면 좋겠다"라고 했다. 부하직원들이 진심으로 양 이사장을 존경하는 모습이 무척 인상 깊었다. 코칭을 진행해보니 부하직원들의 말을 공감할 수 있었다. 코칭 첫 시간에 양 이사장은 "업무량이 너무 많지만, 이 큰 조직을 더 잘 이끌어가는 데 도움이 되는 코칭을 받고 싶다"라고 했다. 나는 좀 더 구체적으로 주제를 말해달라고 했다.

"제가 잘나서 올라간 자리가 아니예요"

"솔직히 말씀드리면, 제가 좀 더 자신감 있는 지도자가 되면 좋겠습니다. 그래야 이 조직을 잘 이끌어나갈 수 있을 것 같아요. 하루에도 전국 각지에서 어마어마한 양의 민원이 쏟아집니다. 이것 좀 보세요. 이게 다 어제 올라온 보고 내용입니다. 직원들이 최선을 다하고 있지만, 제가 결단력을 갖고 처리할 일들이 많습니다. 제가 더 자신감이 있다면 지금보다 과감하게 일을 처리할 수 있고 그러면 이 조직이 더 큰 일을 해낼 수 있을 것 같아요. 저는 좀 더 자신감 있는 지도자가 되고 싶습니다."

양 이사장과 질문만으로 코칭 프로세스를 진행할 것인지 아니면 첫 시간이지만 NLP 코칭을 적용해볼 것인지 잠시 고민했다. 양 이사장에게는 자신에 대한 성찰의 시간, 즉 '자기 자신을 어떻게 인식하고 있는지' 생각해보는 시간이 필요해 보였다. 결국 NLP 코칭 기술 중 하나인 '포지션 체인지position change'를 활용하기로 했다. 포지션 체인지는 주로 상대방을 이해하기 위해서 또 갈등관계 개선을 위해 '나I', '너You', '객관적인 입장Meta position' 등 지각 입장을 바꿔보는 기술이지만, 자신을 객관적으로 돌아보는 데도 활용된다.

먼저 두 개의 의자를 마주하게 놓고 한쪽에 양 이사장이 앉도록 했다. 그리고 맞은편 빈 의자에 자신이 앉아 있다고 생각하고 객관적으로 자신을 바라보라고 했다. 양 이사장은 자신의 외투를 걸쳐놓은 맞은편 의자를 바라보며 한동안 말이 없었다.

코치   지금 앞에 계시는 양 이사장님은 누구라고 생각하세요?

양 이사장 글쎄요…. 다람쥐 쳇바퀴 돌듯이 정신없이 바쁘게 살아가는 사람? 성냥갑 속에 갇혀 있는 사람? 참… 숨 쉴 시간도 부족할 만큼 바쁜 사람이네요.

코치	네. 그럼 잠시 바쁜 것을 내려놓고 이쪽 창가 쪽으로 자리를 이동해보시겠어요? 창밖에 무엇이 보이시나요?
양 이사장	해가 떠오르는 게 보입니다.
코치	네, 지금 해가 떠오르고 있네요. 해를 보니 어떤 느낌이 드세요?
양 이사장	희망찬 느낌? 좀 밝은 기분이 드네요.
코치	네, 그러면 그 밝은 기분을 유지하면서 지금까지 지내오시면서 '가장 놀라운 성취를 이룬 적은 언제인가' 생각해보시겠어요?
양 이사장	미국에 있을 때였어요. 갑자기 대통령께서 한국에 들어오라고 하셨어요. 들어와서 정부의 어느 한 부서를 맡아 일을 하게 되었는데, 국가에 충성한다는 생각으로 정말 열심히 일했지요. 직원들도 저를 믿으며 잘 따랐고 거의 매일 야근해도 불평 없이 정말 행복하게 일했어요. 전날 야근하고 다음날 새벽에 나와도 피곤하지 않고 일이 질리지 않았던 시절이었지요. 그러다 보니 자연스럽게 놀라운 성과들도 많이 있었어요. 몸을 아끼지 않고 3년을 일했는데, 그때 함께 일하던 직원들도 모두 다 잘돼서 지금은 정부의 주요 직책을 맡고 있지요. 그리고 보니 저도 인생을 참 열심히 살아왔네요.
코치	네, 아주 열심히 살아오셨네요. 자, 그럼 이번에는 다시 조금 전 앉았던 자리로 다시 오시겠어요? 다시 한번 앞에

앉아있는 분이 누구인지 말씀해주시겠어요?

양 이사장 하하. 그래도 '열심히 살아온 나' 라고 말할 수 있겠어요. 처음 시작할 때는 예전의 제 모습을 전혀 생각하지 못하고 지금 너무 바쁘게 사는 제 모습에 가슴이 답답했어요. 그런데 한참 일할 때 제 모습을 기억해보니 또 새로운 제 모습을 발견하게 되네요. 사실 매일 똑같은 일상이 반복되니까 지치기도 하고 업무량이 너무 많다 보니 늘 성냥갑 속에 갇힌 것 같은 답답함이 있었어요. 그런데 걸어온 길을 다시 되돌아보니 '내가 참 열심히 살아왔구나'를 알게 되고 자신감도 생기네요.

긍정적인 내적자원으로 잠재력을 발견한다

나는 양 이사장 안에 그런 놀라운 자원이 있다는 것을 인정해주고, 자신감 넘치는 그 당시의 기분을 유지하도록 지지를 보내며 다음 질문을 이어 갔다. 자신감이 부족한 피코치를 만난 경우, 코치는 피코치의 에너지 레벨을 높여주고 그것을 계속 유지시켜줄 수 있어야 한다. 그러한 역량을 높이기 위해 코치에 따라 여러 가지 코칭 스킬을 사용한다. 나는 '내적자원 찾기'나 '주관적 몰입' 기술을 통해 '앵커링'을 해주는 편이다. 전체 기술을 요약하면 한마디로 '피코치가 기분 좋은 상태를 계속 유지하도록 만들어주는 코칭 기술'이다. 우리가 기분 좋은 상태가 되면 그렇지 못할 때보다 창조성이 더 발휘되고 놀라운 성과를 내는 것과 같은 맥락이다.

"이사장님, 가장 좋은 성과를 냈던 그 당시의 자신감을 현재의 조직으로 가져온다면 어떤 변화가 일어날까요?"

"지금 그 당시의 자신감과 열정으로 일한다면 계획하는 사업들을 조속히 추진할 수 있을 것 같고 성과도 클 것 같네요. 무엇보다 저희 직원들이 좋아할 것 같아요. 동기부여가 되니 열심히 일할 테고 그러면 당연히 성과도 잘 나오겠죠."

양 이사장은 코칭을 받으며 조직의 장이 자신감을 가지면 조직 전체에 활력이 생기고 결국 성과로 이어진다는 것을 확신하게 되었다고 했다.

"덩어리가 큰 조직을 어떻게든 굴려보려고 안간힘을 쓰면서도 마음속으로는 책임감 때문에 늘 부담스러웠어요. 성냥갑 속에 들어 있는 것 같은 갑갑함이 있었지요. 코칭을 통해 인생을 열심히 살아온 저의 모습을 발견한 것이 정말 기쁩니다."

양 이사장처럼 피코치가 자신 안에 있는 내적자원들을 발견하여 자신의 가치를 깨닫게 될 때 코치로서 보람을 느낀다. 반대로 사람들이 자신 안에 있는 많은 보물을 발견하지 못하고 다른 사람들과 비교하고 경쟁하며 사는 모습을 볼 때 안타까움을 느낀다. 코칭은 잠재력을 극대화시켜주는 기술이기 때문에 내면의 가치를 자주 들여다보도록 한다. 내면을 깊숙이 들여다보는 통찰 없이는 개인과 조직의 잠재력을 발견할 수 없기 때문이다. 양 이사장 역시 바쁜 일정에 쫓기다보니 스트레스 속에 놓인 현재의 모습만을 인식하고 있었다. 내면을 들여다보기만 하면 자기 안에서 발견할 수 있는 엄청난 내적자원을 생각하지 못하고 있었던 것이다. 코칭을 통해 그 자원을 발견한 순간, 그는 다시 한번 조직을 잘 이끌어나갈 수 있다는 자신감을 회복하게 되었다.

스스로 가장 인정해주고 싶은 강점은 무엇인가?

코칭에서 중심이 되는 두 가지 기술은 '경청'과 '질문'이다. 여기에 한 가지를 덧붙인다면 바로 '인정'이다. 우리가 누군가를 인정한다는 것은 '그 사람의 행동이나 가치를 올바르게 평가해주는 것'이다. 당장의 상황이나 바쁜 일상에 정신을 빼앗기면 본연의 가치보다 당장 눈에 보이는 부족함에 주목하기 쉽다. 하지만 그럴 때일수록 잠재력과 가치를 바라보기 위한 노력이 필요하다. 코칭에서 '인정하기'는 피코치가 이미 알고 있는 것을 상기시켜줌으로써 그가 최고의 능력을 발휘하도록 하는 과정이다. 누구나 인정을 받으면 신이 나서 더 잘하려고 노력하고 더욱 최선을 다하기 마련이다. 팔로워에게도 리더에게도 인정은 언제나 필요하다.

양 이사장과 코칭이 끝날 때쯤 그에게 자신을 객관적으로 바라본 소감을 물었다.

"의자를 쳐다보니 저 자리는 제가 잘나서 올라간 자리가 아니라는 생각이 들었어요. 국민들이 저에게 일을 잘하라고 맡겨준 청지기 자리인데, 그동안 제가 너무 제 주관대로 일을 처리해오지 않았나하는 생각이 들더군요. 남은 공직 기간 동안 국민들을 위해서 무엇을 할 수 있는지 더욱 적극적으로 찾아봐야겠다는 생각이 들었습니다."

'청지기'는 맡아 관리하는 사람이다. 어느 기관이든지 기관의 장이 자신의 자리에서 청지기 의식을 가지는 것은 대단히 중요하다. 청지기 의식은 분명한 주인의식을 가지되 자신의 이기적인 욕심을 채우는 것이 아니라 섬기는 리더의 태도를 가지는 것이다. 양 이사장은 내면의 통찰을 통해 자신감도 회복하고 관점의 변화도 경험하게 되었다. 내면의 잠재력을 발견하고 청지기적인 사명을 자각하는 것, 이 두 가지는 앞으로도 기관장으로서 매우 중요한 모티브가 될 것이다.

'적을 알고 나를 알면 백번 싸워 백번 이긴다知彼知己百戰百勝'라는 말이 있다. 요즘은 경쟁 상대를 알고 분석하는 데는 능통하지만 도리어 자기를 아는 데는 소홀한 것 같다. 리더의 자리일수록 조직의 내적자원과 스스로의 잠재력을 제대로 파악하는 것이 중요하다. 자신을 제대로 아는 것이 자신감으로 이어지며 의식을 전환하고 사명을 깨닫는 데까지 이어질 수 있다.

Self Coaching

"가장 놀라운 성취를 이룬 적은 언제인가?"
"나의 강점을 최대로 활용해본다면 어떤 일을 하고 싶은가?"
"내가 자신감을 좀 더 가진다면 어떤 변화가 일어날까?"

"무슨 말을 해도 직원들이
제 말을 안 믿어요"

신뢰를 주는 CEO

인간이 궁극적으로 바라는 것은 존경과 사랑이다.

_나폴레옹

"우리나라에서 여러분이 가장 존경하는 CEO는 누구인가요?"

리더십 강의 시간에 대학생들에게 이 질문을 던지면 모두 꿀 먹은 벙어리처럼 멍하게 나를 쳐다본다. 잠시 시간이 흐르면 머리를 긁적이면서 "누구지? 누가 있을까?" 고민하지만 딱히 누군가가 떠오르지는 않는 모양이다. 스티브 잡스나 빌 게이츠, 잭 웰치 등 외국의 CEO에 대해서는 곧잘 대답하지만, 우리나라 CEO라고 한정지으면 다들 어려워한다. 왜 그럴까?

우리나라에는 대기업, 중소기업 할 것 없이 많은 CEO가 있다. 그런데 왜 학생들은 존경하는 CEO의 이름은 쉽게 말하지 못하는 것일까? 성공신화로 잘 알려진 CEO들은 많이 있지만 '존경'이라는 단어 앞에서 다들 주저하는 것 같다. 학생들뿐만 아니라 코칭을 하러 기업에 갔을 때도 자기 회사의 CEO를 진심으로 존경하는 사람을 거의 보지 못했다. 대부분의 직원들이 CEO의 인격적인 약점이나 경영 방침에 대한 불만을 더 많이 이야기한다. 일의 성과에 대해서는 "대단한 사람이다"라며 칭찬해도 "존경하지는 않는다"라고 말한다.

존경이란 억지로 강요해서 만들 수 있는 것이 아니라 마음에서 진정으로 우러나와야 하는 것이다. CEO라면 누구나 직원들로부터 원망이 아닌 존경을 원할 것이다. 하지만 현실은 그렇지 못한 경우가 많다.

"왜 아무도 제 말을 안 믿죠?"

건설회사 대표 조 사장 역시 직원들의 원망과 불신으로 고민하다가 연락을 해왔다. 코칭이 시작되기 전 사전 조사를 해보니 전 직원이 조 사장을 '매우 믿지 못할 CEO'로 생각하고 있었다. 대개 CEO들은 직원들이 자신을 어떻게 생각하는지 정확하게 모르는 경우가 많은데 조 사장은 의외였다.

"우리 직원들이 제 욕 엄청 할 거예요. 그렇지요?"

나는 조 사장에게 왜 그렇게 생각하는지를 먼저 물었다. 그랬더니 조 사장은 오히려 이런 질문을 던졌다.

"제가 그렇게 인상이 안 좋은가요? 우리 직원들은 제가 아무리 진정성을 가지고 다가가도 제 말을 믿지 못해요. 그게 제일 문제예요."

조 사장은 자신의 인상이 호감을 주지 못해서 직원들이 불신하는 것이 아닌가 하는 생각이 든다고 했다. 그러나 나는 사람의 인상과 그 사람에 대한 믿음은 별개의 영역이라고 말해주었다. 그리고 조 사장의 인상이 나쁘게 보이지 않는다고 솔직하게 말했다. 직원들이 조 사장의 말을 믿지 못하는 이유가 무엇인지 그것부터 파악하기로 했다.

"사장님, 직원들이 어떤 점 때문에 사장님을 믿지 못하는 것일까요?"

"글쎄 그게 억울하다니까요. 나 참, 제가 못해주고 그런 욕을 들으면 화라도 안 나지! 근데 이건 해줄 것 다해주고 욕을 들으니까요. 요즘 건설업계가 엄청 불황이에요. 건축 시공사들이 계약만 해놓고 자금 회전이 안 되니까 잘나가던 회사들도 많이 사라졌어요. 해외로도 눈을 돌려봤지만, 중국과 가격 경쟁에서 워낙 밀리다 보니 그것도 쉽지 않아요. 몇 년 전에 딴 계약으로 어렵게 회사를 운영하고 있어요. 뭔가 이를 돌파할 수 있는 일을 찾고 있는데 그것도 문제가 많아요."

"구체적으로 어떤 문제가 있나요?"

"인재라고 돈을 많이 주고 스카웃을 하면 적응을 못해서 얼마 못가 다른 회사로 가거나 더 좋은 조건을 찾아가더라고요. 그래서 새 사람한테 돈 투자해서 상처받느니 차라리 여러 해 같이 밥 먹던 직원들 데리고 잘해보자 그랬죠. 그런데 이 사람들이 저를 믿어주지 않고 이제는 무슨 말을 해도 불신의 눈으로 쳐다보는 것 같아서 제가 많이 힘듭니다. 얼마 전 재건축 아파트 조합장을 만날 일이 있었어요. 그 아파트는 3년 전에 저희 쪽에서 계약을 한 아파트인데 조합장이 저희 말고 다른 시공사랑 재계약을 하겠다고 주민들을 선동하며 구라를 치고 있더라고요. 제가 그때 직원 한 사람을 데리고 갔는데 그 조합장 말만

들고 직원이 우리 쪽에 하자가 있는 거 아니냐고 오히려 저를 의심하더라니까요? 그 직원이 말을 잘하고 뭔가 도움이 될 것 같아 데리고 갔는데 그렇게 나오니 배신감이 들더라고요."

조 사장은 아직도 그때의 감정이 남아 있는지 입을 굳게 다물었다. "건축 쪽은 계약을 했어도 안심을 못 하네요"라고 한마디 건네자 조 사장은 "그럼요, 정말 무서운 동네예요"라고 답했다. 그는 조금만 약해지거나 틈이 보이면 가차 없이 더 큰 세력을 가진 기업들이 하이에나처럼 마구 달려든다고 덧붙였다. 나는 그렇게 살벌한 경쟁 속에서는 무엇보다 직원들과의 신뢰가 중요한데, 왜 직원들이 사장을 불신하는지 재차 물어보았다.

"직원들은 제가 돈을 아주 많이 축적한 줄 알아요. 물론 잘나갈 때는 진짜 돈을 많이 벌었지요. 직원들 월급 외에 보너스도 두둑히 챙겨주고 유명 강사 불러다가 사내교육도 많이 시켰어요. 근데 건설 쪽 불황이 시작되면서 저희 회사도 어려워졌어요. 회사가 어려우면 어려운대로 적응해야 하는데 이상하게 우리 회사 직원들은 제가 힘들다고 해도 잘 믿지를 않아요. 회사 빌딩도 저당 잡히고 대출받아 자기네들 월급주고 나중에는 제가 사는 아파트로 대출받아 월급을 줬다니까요. 그런데도 '너는 잘살지 않냐?'는 식이예요."

조 사장은 그동안 어려운 상황을 직원들에게 수차례 설명했고 구조조정을 통해 많은 임원들을 내보냈다고 했다.

"조기 퇴직을 시키게 되니까 퇴직금 관련 정산 처리도 가벼운 문제가 아니었어요. 또 임원들이 계속 빠져 나가니 직원들 사기도 많이 떨어졌고요."

조 사장은 그럼에도 자신은 어떻게든 회사를 살려보려고 노력하는데 그런 자신을 몰라주는 직원들의 태도가 너무 실망스럽다고 하소연했다.

"제가 이 사업 시작하면서 다른 건 몰라도 '내 사람들한테 정말 잘하고 존경받는 사장이 되어보자' 그렇게 마음먹었는데. 존경은 커녕 이대로 가다간 서로 마음만 상하겠어요."

양방향 의사소통과 일방향 의사소통

조 사장과 직원들 사이에 서로를 향한 불신과 실망감이 느껴졌다. 일단 조 사장과 직원들 사이에 소통의 부재가 있는지 확인을 해보고, 조 사장의 개인적인 생활환경을 체크하기로 했다. 그래서 직원 두 명과 익명으로 코칭을 했다. 그들의 이야기를 들어 보니 조 사장과 직원들의 양쪽 입장이 모두 이해가 되었다.

조 사장은 직원들과 서로 주고받는 양방향two way 의사소통이 아니라 주로 자기 이야기만 전달하는 일방향one way 의사소통을 사용하고 있었다. 조 사장은 회사의 여러 사안에 대해서도 직원들과 의논하기보다 일방적으로 통보하는 경우가 많았고 명령조의 어투를 사용하고 있었다. 그러나 소통의 문제보다도 더 큰 요인은 조 사장의 생활 방식에 있었다. 조 사장에게 불만을 가지고 있는 직원과 코칭을 하며 그의 말을 들어보았다.

"조 사장님은 회사가 어려워지면 어려워진 것 만큼 CEO로서 뭔가 개인적인 변화가 있어야 하는데 씀씀이가 조금도 달라진 게 없어요. 여전히 주말마다 해외로 골프를 치러 나가시고 자녀들은 아직 어려서 유학의 필요성이 없다고 생각되는데도 모두 비싼 돈을 들여 해외 유학을 하고 있어요. 더군다나 조 사장님과 사모님은 각각 비싼 외제차를 타고 다니고 쓸 것 다 쓰시면서 힘들다고 하시니 그게 진짜 힘들어 보이지가 않죠. 진짜 힘들면 외제차도 팔고 애들도 비싼 유학비 들이지 말고 한국에서 공부시키면 되지, 괜히 어렵다고 엄살만 부리는 것처럼 보여요. 우리 사장님 옷도요, 명품 아니면 안 입는 거 아시나요? 임원들 잘리는 거 보면 회사 힘들다는 거 알겠는데 두 분 하시는 행동 보면 자꾸 연극하시는 것 같이 느껴져요."

직원들과 코칭을 하며 궁금증이 풀렸다. 결국 "회사가 어렵다고 하는데 사장의 생활은 전혀 달라진 것이 없다"라는 것이 요지였다. 직원들이 굳이 말로 표현하지 않아도 CEO의 행동거지를 다 보고 느끼고 있다는 것을 알 수 있었다. 회사가 어려울 때는 사장이 먼저 근검절약하고 검소한 생활을 하는 등의 변화를 주어야 직원들도 공감과 협조의 반응을 보일 수 있을 것이다.

조 사장에게 이와 같은 점을 상기시켜주었다. 그리고 직원들의 눈으로 자신을 바라보라고 했다. 코칭에서 자주 쓰는 '포지션 체인지' 기술을 사용했다. 이 기술은 상대방을 이해하는 데 매우 탁월하다. 의자 두 개를 서로 마주 보게 배치하고 직원의 입장에서 조 사장에게 하고 싶은 말이 있으면 해보라고 했다. 조 사장은 제일 불만이 많은 김 부장의 입장에서 생각하겠다고 했다.

코치   조 사장님, 여기 두 개의 의자가 있습니다. 하나는 나의 입장(1차 지각위치)을 말하는 의자고요, 또 다른 의자는 상대방의 입장(2차 지각위치)을 말합니다. 그럼 나의 입장을 말하는 의자에 앉으셔서 앞 의자에 직원이 앉아 있다고 생각하고 그 직원에게 평소 하고 싶었던 말을 다 해보시겠어요?

조 사장   김 부장, 자네도 알다시피 요즘 우리 회사가 어려워서 굉장한 자금난을 겪고 있어. 나도 어떻게든 직원들 월급 안 밀리고 회사 유지하려고 나름 최선을 다하는데 직원들이 월급 밀린다고 자꾸 불만만 얘기하고 일도 열심히 안 하는데 이래서는 안 되지. 자네는 어떻게 생각하나? 내가 월급 밀렸어도 또 자금 들어오면 자네들 밀린 거 다 정리해주잖아. 그래도 왜 불만투성인지 나는 도통 이해를 못하겠네. 직원들 중에서도 김 부장이 가장 불만이 많은 것 같아. 이 상무도 자네 다루기가 제일 힘들다고 하고.

코치   조 사장님, 이야기가 다 끝나셨으면 다시 의자에서 일어나셔서 객관적인 시각으로 두 사람을 볼 수 있는 관찰자 입장(3차 지각위치)으로 와보시겠어요? 여기 서서 두 사람 관계가 어떻게 보이는지 말씀해주세요.

조 사장   두 사람의 관계는 상사와 부하직원의 관계인데 많이 불편해 보이네요.

코치	네, 불편해 보이세요? 그러면 이번에는 조 사장님이 김 부장님이라고 생각하시고 김 부장님 자리에 가셔서 조 사장님께 하고 싶은 말을 다 해보세요.
조 사장	하하, 제가 김 부장이 되어서 이야기하라고요?
코치	네, 이제 조 사장님은 김 부장님 역할을 하시는 거예요. 배우들이 드라마에서 역할 맡는 것처럼요. 가능하시겠어요?
조 사장	네, 한번 해볼게요. 이거 재미있고 진지하네요. (잠시 생각하다가) 흠. 조 사장님, 사장님은 어떻게 생각하실지 모르시겠지만, 저는 사장님이 힘들다고 하시는데 그게 진심으로 안 느껴져요. 말로는 회사 힘들다고 저희들에게 열심히 일하라고 하시지만, 사장님은 자주 비싼 술집 접대비용으로 몇 백씩 긁고 해외 골프로 회사도 여러 번 비우셨잖아요. 직원들 입장에서는 허세 부리는 사장으로만 보여요. 직원들 월급은 밀려 힘든데 사장님은 하실 거 다 하시잖아요.
코치	다시 자리에서 일어나셔서 처음 앉았던 조 사장님 의자로 이동하시겠어요? 자, 그럼 앞에 김 부장이 앉아있다고 생각해보시고요. 처음 이 활동을 시작했을 때 불편한 느낌에 대한 변화가 있었나요?
조 사장	네…. 막상 김 부장의 입장이 되어보니 제가 좀 잘못한 게 많다는 생각이 들어요. 제가 술집에 간 것도 비즈니스 차원에서 접대한다고 간 거고, 골프도 놀고 즐기려고 가는 게 아니라 다 회사 차원에서 행동한 건데 직원들에게는 그

런 게 전혀 다른 시각으로 보인다는 걸 알게 되었어요. 그리고 힘들다고 하면서 저는 계속 부르주아 생활을 하고 있는 것처럼 보이니 직원들에게는 전혀 공감이 안 되었겠구나 생각이 드네요.

코치   자, 그러면 다시 관찰자의 자리로 이동해주시겠어요? 지금 새롭게 깨달은 것이 앞으로 회사에 어떤 영향을 줄 것 같으세요?

조 사장   앞으로 공연히 오해받을 행동은 삼가고 직원들과의 소통을 위해 더 노력해야겠다고 생각했어요. 그러다 보면 직원들도 제 진심을 알아주지 않겠나 생각이 드네요.

이 사례에서 알 수 있듯이 절대 아무 이유 없이 상대방에 대한 불신이 싹트지 않는다. 상대방에게 오해를 사고 있다면 무엇인가 상대가 그렇게 생각할 수밖에 없는 단서를 제공한 것은 아닌지 먼저 살펴야 한다. 이런 부분은 스스로 점검해보지 않으면 발견하기 어렵다. 코칭 전제 중에 "저항은 지도자의 불가변성을 반영한다"라는 말이 있다. 지도자가 융통성이 없거나 유연성이 없으면 상대방이 저항을 하게 된다는 말이다. 조 사장의 회사 직원들이 그에게 반감 혹은 저항하는 마음을 가지게 된 것도 유연성 없는 일방적인 소통 방식과 검소하지 않은 생활 태도가 원인이었다는 것을 알 수 있었다.

직원들의 잠재력을 길러주기 위해서 무엇을 해볼 수 있을까?

조 사장과 얼마 간 코칭이 진행되었을 때 이런 질문을 던졌다.

"회사가 정상에 올라갈 때까지 직원들과의 소통을 위해서 무엇을 할 수 있겠습니까?"

그는 실천 약속으로 "폭음하던 술 버릇을 고치고 개인적인 취미 활동으로 해오던 해외 골프를 자제하면서 직원들과 눈높이를 맞춰보겠다"라고 대답했다. 나는 조 사장에게 상대방과 눈높이를 맞추는 코칭 기술인 '페이싱pacing'을 설명해주었다. 페이싱은 상대방의 말과 행동에 보조를 맞추며 기본적인 신뢰관계를 갖추는 기술이다. 흔히 아이들과 친해지려면 눈높이를 맞추라고 하지 않던가? 페이싱은 눈높이만 맞추는 것이 아니라 청각의 차원에서 상대방의 목소리, 억양, 속도, 고저 등에도 보조를 맞춘다. 또한 상대방의 감정, 즉 체각까지 보조를 맞추도록 훈련한다. 페이싱 훈련만 잘해도 상대방은 충분히 공감받았다는 느낌을 갖게 되므로 깊은 신뢰관계가 형성된다. 눈높이만 맞추는 것이 아니라 상대방의 목소리가 경쾌하고 높은 톤이면 같이 목소리 톤을 높여 기분 좋게 대답해주고, 상대방 목소리가 울적하거나 기분이 안 좋다면 목소리를 차분하게 낮추고 위로해주는 것이 페이싱, 즉 보조 맞추기다.

조 사장과의 코칭은 6개월 정도 진행되었는데 코칭을 받는 동안 스스로 페이싱 실천 목록을 작성해 실천해나간 것이 인상적이었다. 조 사장은 6개월 동안 부하직원들과 자신의 소통 방식, 관계를 계속해서 점검하며 코칭 받을 때 관련 조언을 구하기도 했다.

"코치님, 제가 페이싱을 열심히 해보려고 하는데요, 막상 실천하려니까 좀 쑥스럽네요. 제가 갑작스럽게 변화를 주면 직원들도 의아해할 것 같고요. 코치님은 늘 페이싱 하고 눈높이 맞추시니까요, 팁 좀 부탁드립니다."

"사장님, 그 실천 의지와 고민에 격려의 박수를 보냅니다. 그리고 요즘 정말 코치형 리더가 되어가시는 게 느껴지고요. 페이싱에 관해서는, 물론 말과 행동으로 부하직원들의 눈높이를 맞추는 것도 중요합니다. 그러나 더욱 중요한 것은 마음입니다. 실천해야 한다는 압박감을 가지시기보다 부하직원 한 사람 한 사람의 입장이 되어보시고 진심으로 대해보세요. 페이싱이 저절로 되실 겁니다."

조 사장은 코칭이 끝날 무렵 계속 수정하고 추가하며 정리한 '페이싱 리스트'를 내게 보여주었다.

'부하직원 말이 끝나기 전에 말 자르지 않기', '부하직원과 대화할 때 목소리 톤도 주의 깊게 듣기', '화가 나는 보고가 올라와도 화부터 내지 않고 한 템포 쉬고 이야기하기' 등, 6개월 동안의 노력과 고민이 고스란히 녹아있었다. 코칭을 받으며 무엇이 가장 달라졌는지를 물었다. 그의 대답이 재미있었다.

"코칭 받고 나서 직원들이 더 이상 노동부에 저를 찌르지 않네요. 하하. 전에는 저희 쪽 일이 좀 험하다 보니까 회사 나갈 때마다 걸핏하면 노동부에 신고를 해서 참 골치 아픈 일이 많았거든요."

조 사장은 "직원들과 소통하는 방식도 바꾸고 서로의 입장을 공감하려고 노력하니 직원들도 저에 대한 불신이 점점 사라지고 회사의 힘든 사정을 이해하게 되는 것 같습니다. 월급이 조금 밀려도 참고 기다려주는 모습이 놀랍지요. 그동안 코칭에서 배운 것들 잘 활용해서 직원들에게 존경받는 사장에까지 도전해봐야죠. 생각만 해도 힘이 나고 이 어려운 불경기도 잘 이겨낼 수 있을 것 같네요"라고 덧붙였다.

IBM에서 42년간 CEO로 있었던 토마스 왓슨Thomas John Watson, Sr.은 "어떤 기업이 성공하느냐 실패하느냐는 그 기업에 소속된 사람들의 재능과 열정을 얼마나 잘 이끌어내느냐에 의해 좌우된다"라고 했다. 한마디로 코치로서의 CEO 능력이 기업의 성패를 결정짓는다는 이야기다. 부하직원들의 속마음을 읽어주고 그들 안에 잠자고 있는 열정을 불러일으키기 위해서 무엇보다 CEO는 따뜻한 가슴으로 속도 맞추기, 페이싱 기술을 잘 사용해야 할 것이다.

성과는 훌륭하지만 직원들의 마음은 전혀 알아주지 못하는 CEO를 직원들이 존경할 수 있을까? 비즈니스 세계에서 성과와 경쟁력은 기업의 생명력을 유지하는 가장 중요한 요소다. 하지만 그것만으로는 존경받는 CEO의 자리에 다가가기 어렵다.

Self Coaching

"나는 직원들의 능력을 얼마나 키워주고 있는가?"
"미래에 어떤 사람이 되고 싶은가?"
"지금 당장 무엇을 바꾸고 싶은가?"

"존경받는 CEO가 되고 싶어요"

나눔을 실천하는 CEO

청년은 미래가 있다는 것만으로도 충분히 행복하다.

_고골리

"있잖아요. 민준이는 사람이 아닌 것 같아요. 외계인이에요."

"그게 무슨 말이에요?"

"이번에 멘토링 장학생을 선발하면서 민준이 성적을 보게 됐거든요. 근데 뭐 A, A⁻도 거의 없이 전 과목이 모두 A⁺예요. 4년 내내 평점이 4.3에 4.3, 4.25…. 계속 최우등 장학생에 봉사활동도 정말 열심히 하고, 진짜 인간이 아니더라고요. 그런 성적표는 태어나서 처음 봤어요."

연세대학교 멘토링 프로그램에 함께 참여하는 최 박사가 잔뜩 흥분한 목소리로 말했다.

나는 연세대학교 리더십센터에서 2006년부터 멘토링 프로그램을 맡아왔다. 가양4동 복지관과 연계해 학생들을 코칭하며 이제 10년째 멘토링을 지도해오고 있다. 처음 멘토링 프로그램을 시작할 때 많은 사람들이 "멘토링이 뭐예요?"라고 질문했다. 그만큼 당시에는 멘토링이라는 단어 자체가 낯설었다. '머리 좋은 인재들이 가난하고 소외된 아이들을 도와줄 수 있으면 얼마나 좋을까?'를 고민해왔는데 마침 그당시 연세대 리더십센터 소장이 내게 멘토링 프로그램을 맡아 학생들을 지도해달라고 요청했다.

멘토링 활동은 대학생들이 멘토 선생님이 되어 빈곤아동, 장애인가정 아동, 소년소녀가장 등 도움이 필요한 아이들에게 1년간 문화활동, 학습지도, 탐방체험 등 다양한 활동을 함께 해나가는 활동이다. 멘토링을 하는 1년 동안 멘토와 멘티들은 정말 큰 성장을 하게 된다. 대학생 멘토들이 멘토링 활동을 완수하려면 투철한 봉사정신과 자기희생이 필요하다. 주 1회 봉사를 위해 짧지 않은 시간을 투자해야 하고 활동 보고서를 쓰는 일도 쉽지 않기 때문이다. 그러다 보니 중간 탈락자도 많이 생긴다. 이런저런 핑계를 대며 못하겠다고 그만두면 어린 멘티들은 상처를 받기도 한다. 반대로 멘티가 자주 약속을 어기거나 문제 행동을 반복하면 멘토인 대학생들이 많은 고생을 한다. 그래서 공동의 노력이 절대적으로 필요한 활동이다. 멘토링 첫 교육에서 끝까지 책임감을 가지고 성실하게 활동을 완수해줄 것을 당부하는 이유도 그 때문이다. 그렇게 1년을 마치고 나면 봉사활동 수료증이 나가는데, 특별히 열심히 활동한 멘토에게는 표창장을 수여하고 때로는 소정의 장학금도 지급한다. 멘토링 활동의 선한 영향력이 주변으로 퍼져나가자 교내에 유사한 멘토링 프로그램들이 차츰 생겨났고 직장, 사회 전반에서 멘토링을 쉽게 접할 수 있는 분위기가 형성되었다. 민준이는

1년간 성실하게 멘토링 활동을 해서 상을 받게 되었다.

"이렇게 살지 않으면 어떻게 살아야 하지?"

민준이는 멘토링 활동으로 처음 만나서 내 강의를 듣고 코칭도 배운 제자였다. 민준이와 코칭을 하며 그의 드라마틱한 이야기를 더욱 자세히 들을 수 있었다. 최 박사에게 "민준이는 성적도 대단하지만 인생 스토리는 더 놀랍다"라고 이야기해주며 민준이와의 코칭을 다시 떠올리게 되었다.

"너랑 사람들이 어떻게 달랐다는 거니?"

"분명히 완전 달랐어요. 저는 입에서 욕이 나오지 않고도 대화가 가능한 사람들을 이상하게 생각했거든요. 어떻게 욕을 하지 않고 그냥 말만 할 수 있는지 그때는 잘 이해가 안 되었어요."

"욕?"

"네, 저는 욕이 입에 배어서 말을 시작할 때 늘 '씨×', '개×', '존나' 이런 단어로 시작했어요. 친구들과는 그게 일상인데 욕을 안 하는 사람들도 있더라고요. 근데 그게 군대 가서 완전히 없어졌어요."

"어떻게 없어졌니?"

"어느 날 사격훈련에서 10등 안에 들면 9박 10일 외박을 보내준다고 했어요. 죽어라 연습해서 10등 안에 들었죠. 외박 나가는 줄 알고 좋아라하면서 모이라는 곳으로 갔어요. 근데 갑자기 군 트럭이 와서 저를 포함한 사격훈련 잘한 군인들을 태우는 거예요. 처음 보는 산길로 한참을 가다가 사람이 살지 않는 이상한 농가 같은 데서 내리라고 했어요. 앞으로 거기서 몇 달 동안 특수 훈련을 받을 거라고 하더라고요. 어디에도 연락이 안 되고…. 그때 북한군의 연평도 포격사건 때문에 비상사태여서 아마 위에서 조치가 있었던 모양이에요. 그때부터 외박 대신에 지옥훈련을 받았어요."

"어머, 정말 놀랐겠다. 그런데 무슨 일이 생긴 거니?"

"그때 제가 훈련받으면서 몇 번 기절을 해봤거든요. 계속 지친 상태에서 행군을 하다 보면 무릎 밑에서부터 점점 의식이 사라지다가 결국 기절하게 되더라고요. 근데 의식이 몽롱한 상태에서 군홧발로 계속 맞고 구타를 당할 때가 있었는데 그때 욕지거리를 함께 들은 거예요. 그때 땅바닥을 뒹굴며 저항하다가 '아, 욕을 들을 때 이런 모욕감이 드는구나' 하고 확 깨달았어요. 그 순간 '평생 욕은 절대 하지 말자' 라고 다짐했어요."

"그러니까 네가 욕을 들어보니 그 심정을 알게 되어서 욕을 안 하게 된 거구나?"

"네, 처음 대학교에 왔을 때 저만 아웃사이더인 것 같았어요. 애들이 욕을 안 하고도 말을 잘 하는 모습이 참 신기하더라고요. 완전 딴 세상 같았다니까요? 제 친구들과 달랐어요. 제 친구들은 짱깨방 친구들이었거든요."

"짱깨?"

"네, 오토바이로 중국집 자장면 배달하는 친구들이요."

나는 민준이가 성적도 매우 우수하고 모든 면에서 뛰어났기 때문에 모범적이고 평탄한 삶을 살아왔을 거라고 생각했다. 그런데 민준이의 이야기는 모범적인 이미지와 전혀 달라 재밌기도 하고 신기하게 들렸다.

"저는 고등학교 때 맨날 싸우고 문제만 일으켜서 친구들한테 왕따였고 선생님들은 저처럼 공부 못하는 문제아한테 관심조차 없었어요. 그래서 자주 결석을 하고 학교 안 다니는 짱깨방 친구들과 어울렸어요. 어느 날 오토바이를 타고 싶어서 짱깨방 친구 다섯이서 주유소, 편의점 아르바이트로 돈을 모았죠. 그 돈으로 중고 오토바이 한 대를 사고 열쇠를 복사해서 폭주족처럼 타고 다녔어요. 그런데 친구 한 명이 밤에 속도를 내서 달리다가 대형 사고가 난거예요. 공중에 붕 떠서 양 다리 뼈가 아예 아스팔트 위에 갈렸어요. 처음엔 저희들이 너무 놀라 병원에 거의 매일 찾아갔어요. 다리를 잃은 그 친구가 하도 불쌍해서 저는 학교는 빠졌어도 병원은 안 빠지고 계속 갔죠. 다른 친구들은 점점 발걸음이 뜸해져도 저는 의리를 지킨다고 계속 병원을 찾아갔어요. 그런데 어느 날 어두컴컴한 병실 구석에서 그 친구가 혼자 울고 있더라고요. 제가 온 걸 알더니 울부짖으면서 '우리 이제는 이렇게 살지 말자! 이건 아니잖아. 이건 아니야. 이건 아니야!' 라고 소리치는 거예요. 저는 멍하니 서있다가 이런 생각을 했어요. '이렇게 살지 않으면 어떻게 살아야 하는 거지?' 생각을 해보니 '나는 학생인데 그동안 학생으로 살지 않았구나' 하는 생각이 처음 들었어요. 그 친구는 부모님 없이 채소 장사하는 할머니와 함께 어렵게 살고 있었는데, 저희끼리 병원비를 마련한다고 애들 참고서 다 거둬가지고 중고 서적 브러커에게 팔아 돈을 갖다 주곤 했어요. 그런데 그런 삶은 진짜 학생으로 사는 게 아니라는 생각이 들더라고요."

민준이의 이야기를 들으며 새로운 점들을 많이 발견하게 되었다. 지금의 민준이가 얼마나 모범적이고 열심히 사는 학생인지 잘 알고 있었기에 그 아이의 과거는 다소 충격적이었다. 민준이의 다음 이야기가 궁금해졌다.

"민준아, 그때 '이렇게 살지 않으면 어떻게 살아야 하지?' 하고 네 스스로 셀프코칭 질문을 던진 거구나."

"네, 그때 그랬어요. 그 친구의 울부짖는 모습을 보며 처음으로 제가 어떻게 살아야 하는 건지 질문을 던지고 생각해본 거예요. 그다음엔 '나는 학생인데 학생 본분은 뭐지? 공부를 해야겠다!' 하는 생각을 했어요."

"그래서? 공부를 시작했니?"

"아, 근데 선생님 때문에 바로 시작하지는 못했어요. 마음을 잡고 학교에 갔는데 그때 야간 자율학습 시간이었거든요. 친구들 공부하는 걸 보면서 저도 처음으로 공부를 하고 싶다는 생각이 들더라고요. 그래서 공부하는 친구들 모습을 뒤에서 보고 있는데 선생님이 제게 오셨어요. '어쭈? 이 새끼 봐라? 오랜만에 나타났네?' 그러시더니 '왜? 너도 공부하려고 앉아있냐? 임마, 너 하던 대로 해! 딴 애들 방해하지 말고!' 하시더라고요. 그때 오기가 생겼어요. '아 씨~ 오랜만에 공부하려고 마음먹었는데 사람을 개무시하네!' 눈으로 선생님을 쏘아 붙이고 왔는데 화가 안 풀리는 거예요. 원래 선생님들은 저 같은 애들 인간 취급 안 하거든요."

민준이는 그 당시 기억이 생생한지 목소리 톤이 점점 커지고 제스처도 강해졌다. 이제는 욕을 안 한다고는 했지만 흥분할 때 아직도 위협적인 모습이 남아있는 것 같았다. 그러나 욕이 밴 옛 습관을 자신의 의지로 잘 극복하고 있는 민준이가 마냥 대견해보였다. 민준이의 이야기를 들으며 어린 마음에 얼마나 화가 났을지 짐작할 수 있었다.

"그때 일이 언제였니?"

"고2 때였어요."

"그래? 그때였다면 웬만큼 공부해서 이 대학에 올 수 없었을 텐데?"

"맞아요. 선생님께 개무시를 당하고 집에 왔는데 아무도 없는 거예요. 저희 부모님은 항상 바깥일에 신경 쓰시느라 저한테는 신경을 못 써주셨고, 항상 일찍 나가셨다가 밤늦게 들어오시니까 제가 하루 종일 뭘 하는지 잘 모르셨어요."

"부모님과는 대화 안 해봤어?"

"네, 두 분이 너무 바빠 그럴 시간이 없었어요."

아들에게 신경 쓰지 못한 민준이 부모님에 대해 더 물어보고 싶은 마음이 있었지만, 뭔가 사정이 있으시겠지 싶어 나중에 다시 물어보기로 하고 넘어갔다.

"그래서 공부는 어떻게 시작한 거니?"

"함께 놀던 친구들도 그 사건 이후로 모두 뿔뿔이 흩어졌어요. 이태원 나이트클럽 종업원으로도 빠지고, 학교에 친구도 없고, 집에 부모님도 안 계시고, 선생님께는 무시를 당하고…. '아, 이제 나는 진짜 할

게 없구나. 학생이니까 공부밖에는 할 게 없구나'라는 생각이 들었어요. 그래서 '무시를 당해도 한번 해보자' 했죠."

"그런 생각이 든 것이 놀랍구나. 그래서 어떻게 했니?"

"고2 국어책을 펴봤어요. 분명히 한글인데 무슨 내용인지 전혀 모르겠더라고요. 제가 초등학교 때부터 공부라는 걸 해본 적이 없어요. 영어, 수학 같은 건 아예 기초가 없으니까 국어를 만만하게 보고 책을 펴본 건데 이해가 안 되는 거예요. 어떻게 공부해야 할지 모르겠고요. 고민하다가 '기초가 없으니까 기초부터 공부를 하면 되겠구나' 싶었어요. 그래서 영어, 수학은 헌책방에서, 또 애들한테 참고서 하나씩을 구해서 중1 과정부터 공부했어요. 그게 고2 겨울방학 때였죠. 국어는 고1 과정부터 공부했어요. 이해하기가 어려웠는데 그래도 우리말이라 반복해서 보니까 조금씩 눈에 들어오더라고요. 그리고 고3이 됐을 때 재수를 결심했어요. 그때 중1 과정부터 시작한 영어, 수학 과정이 고1 과정으로 들어가기 시작했고요. 참고서를 한 권씩만 골라서 이해가 안 되는 것은 계속 반복해서 암기했더니 나중에는 통으로 외워지고 이해가 되더라고요. 그렇게 일 년을 하고 나니까 고등학교 기초 개념은 머릿속에 입력이 됐어요. 그다음부터는 속도도 생겼어요. 아이들이 수능 끝나고 참고서를 버리잖아요? 그걸 모두 포대 자루에 담아서 집으로 가져왔어요. 거기서 과목별로 제일 두꺼운 참고서만 한 권씩 골라 반복하고 또 반복해서 죽어라 공부했어요. 부모님이 저를 학원에 보내 줄 형편이 안 되니까 계속 혼자 집에서 공부만 했어요. 그렇게 재수하고 수능을 봤는데 전 과목 모두 1등급이 나온 거예요. 제가 고등학교 졸업할 때 전교 꼴찌였거든요. 전교 꼴지했던 애가 1년 만에 전 과목 1등급 성적표를 받으러 학교에 가니까 선생님들 표정이 진짜 웃겼어요. 저를 무시하던 선생님들이 저에게 말을 시키려고 하는데 저는 그분들에게 대꾸도 하지 않고 성적표만 받아서 왔어요. 그분들이 저를 인간 취급 하지 않았던 거 다 기억하고 있으니까…. 그때 제가 수염도 안 깎고, 일 년 만에 살이 엄청 빠져서 거의 딴사람이 되어서 갔어요."

나는 민준이의 말이 잘 믿겨지지 않았다. 아무리 열심히 공부해도 기초가 없으면 어느 정도 시간이 필요했을 텐데, 단기간에 그런 좋은 결과가 나왔다는 것이 정말 놀라웠다. 이런 학생을 지금까지 직접 본 적이 없었다. 전교 꼴찌였던 학생이 전 과목 모두 1등급이라니, 진짜 인생 대역전 드라마 같은 이야기였다.

"근데요. 그렇게 수능에서 좋은 성적을 받고 나니까 저도 제 자신이 정말 신기한 거예요. 그때부터 매일 신나게 놀았어요. 그러다가 크리스마스이브 날 밤새 놀고 집에 왔는데 아버지가 계시더라고요. 아버지가 저에게 '너 S대 합격통지서 받았냐?'하고 물으시는 거예요. 저는 그 당시 시험보고 나서 입학 지원을 해야 한다는 기본적인 것도 몰랐기 때문에 그때까지 원서를 한 군데도 안 넣었어요. 그냥 시험 잘 보면 점수에 맞춰 대학교에서 저절로 합격 통지서를 주는 줄 알았어요."

"뭐라고? 세상에! 입학 원서도 안 넣고 합격 통지서가 나오는 줄 알았다고?"

"네, 그때 진짜 몰랐어요."

"그래서 어떻게 되었니?"

"아버지가 얼굴이 하얗게 질리시더라고요. 저희 아버지 그런 표정을 처음 봤어요. 그때 S대 입학 지원을 알아보니까 이미 원서접수가 모두 끝난 상태였고 천만다행으로 연대가 남아 있어서 지원하고 합격했어요."

"야~ 너 정말 대단하다. 아버지가 그때 질문을 안 하셨으면 어쩔 뻔 했니? 아무튼 학교에 들어와서 정말 열심히 잘해주고 있구나. 너는 앞으로 무엇을 하고 싶니?"

"네, 저는 앞으로 법을 공부하고 법률회사 대표가 되고 싶어요. 정말 도움을 받고 싶은데 돈이 없어서 혜택을 못 받는 사람들에게 무료로 도움을 주는 법조인이 되고 싶어요. 제가 공부를 해보니까 사람은 누구나 노력하면 성취할 수 있는 가능성이 있더라고요. 근데 돈이 너무 없어서, 기회가 없어서 자신의 권리를 제대로 지킬 수조차 없는 사람들이 있더라고요. 그들에게 정말 법적으로 도움을 주는 존경받는 CEO가 되고 싶어요."

법률회사의 존경받는 CEO가 되어 어려운 사람들을 돕고 싶다는 민준이를 보며 그 일 또한 멋지게 해내고 있을 미래의 모습이 쉽게 그려졌다. 나중에 알게 된 사실이지만 민준이의 부모님은 매우 훌륭한 분들이었다. 평생을 어려운 사람들을 위해 헌신하기로 작정하고 늘 가난하고 병든 이들과 함께 생활하는 분들이었다. 민준이는 자신보다 어려운 이들에게 더욱 신경 쓰는 부모님에게 불만이 많았지만 지금은 진심으로 존경한다고 했다. 나의 이익보다는 타인의 이익을 생각하고, 나의 작은 행복을 함께 나누고 실천하는 분들. 자식 교육에는 정

답이 없지만, 나눔을 실천하는 부모의 모습을 보고 자란 이가 누구보다 멋지게 제 몫을 감당하는 청년 CEO로 성장하리라고 믿는다.

제자들 중에는 벤처 기업 CEO가 되어 성공한 청년들도 제법 있고 자신들만의 창업 노하우를 가지고 해외 진출의 꿈을 실현해나가는 청년들도 있다. 이처럼 요즘 CEO들의 평균 연령은 점점 낮아지고 있다. 한 예로, 최근 세계 유명 자동차 회사들의 동향을 살펴보면 젊은 CEO들의 등장을 심심찮게 목격할 수 있다. 독일 BMW 자동차 회사는 49세의 하랄드 크루거Harald Kruger를 신임 회장으로 선임했다. 제너럴모터스GM, 포드 등 미국 자동차업체들도 50대 인물들로 CEO를 교체했다. 특히 GM은 선임 당시 51세의 '메리 바라Mary T. Barra'라는 여성을 CEO로 앉혔다.[12]

우리나라에서도 패기 있고 도전 정신을 가진 젊은 CEO들의 등장 소식을 자주 듣는다. 비록 나이가 어려도 적극적인 자세로 자신만의 블루오션 전략을 갖고 열정적으로 도전해본다면 CEO로서 얼마든지 멋진 승부를 걸어볼 수 있다. 다만 성공 이후에 그것을 얼마나 많은 사람들과 함께 나누고 공유할 수 있는지에 따라 진정으로 존경받는 청년 CEO가 될 수 있는지 아닌지가 결정될 것이다.

Self Coaching

"나에게 변화가 필요한 부분은 무엇인가?"
"변화를 위해 지금 실천할 수 있는 것은 무엇인가?"
"내가 새롭게 도전해볼 것은 무엇인가?"

"그저 회사가 고맙지요"

직원과 고객에게 고마움을 느끼게 해주는 CEO

> 감사하는 마음은 최고의 미덕일 뿐만 아니라
> 모든 미덕의 어버이다.
> _마르쿠스 툴리우스 키케로

얼마 전 S전자 신임과장 승격 교육에 코칭리더십 강의를 하러 갔다. 회사 규모가 커서 그런지 승진한 신임 과장들도 꽤 많이 있었다. 대부분 젊은 사람이었는데 그중 나이가 지긋해 보이는 한 사람이 눈에 띄었다.

'저 분도 이번에 신임 과장이 되신 걸까?'

쉬는 시간에 그에게 가서 축하 인사를 건넸다.

"이번에 신임 과장님이 되셨군요. 축하드립니다."

"아이고, 부끄럽습니다. 다 자식같이 어린 사람들인데 제가 어울리지 않게 끼어 있네요."

승진한 소감을 묻자 그는 이렇게 말했다.

"제가 공고를 졸업하고 바로 이 회사에 입사했어요. 평생을 회사 말단 기술직으로 일했지요. 이제 퇴직이 얼마 안 남았는데 저를 이렇게 신임과장으로 뽑아줬어요. 회사가 그래도 저 같은 사람 무시 안 하고 인정해주니 죽을 때까지 충성해야지요. 그저 회사가 고맙지요, 뭐."

겸연쩍게 웃는 그에게 축하의 말을 한 번 더 건네고 돌아서는데 자꾸 이 말이 떠올랐다.

"죽을 때까지 충성해야지요. 회사가 고맙지요."

그의 고백을 들으니 외할아버지로부터 자라면서 직접 들었던 S전자 창업주에 대한 이야기가 생각났다.

신뢰가 두터운 CEO

한학을 좋아하셨던 외할아버지는 어린시절 나에게 많은 이야기를 들려주셨다. 그중에서도 S전자 창업주 이 회장과의 일화들이 기억에 많이 남는다. 외할아버지는 젊은 시절 안동에 많은 전답을 가지고 계셨다. 만주 독립군들을 돕기 위해 많은 땅을 팔고 봉화와 영주, 대구 등지에서 사업을 크게 하며 계속 군자금을 대셨다. 그 당시 봉화에는 춘양장이 크게 섰는데 그때 외할아버지가 도매상을 하는 사람들과 이 회장을 만나 물건을 거래하며 사업을 확장시켜 나갔다고 한다.

이 회장에 대해 구체적인 정보를 알고 싶어 더 많은 정보를 알고 있는 친정어머니를 만나 직접 이야기를 들어보기로 했다.

"이 회장이 그 당시 대구서 삼성상회를 차려놓고 봉화에서 쌀이랑 청과물, 춘양목 같은 거 모두 모아가지고 대구로 내려가서 팔고 그랬어. 그 당시에 봉화에 춘양장이 컸는데 그때 춘양목이라는 소나무가 유명했지. 춘양목이 예전에는 서울로 올라가서 궁궐에도 들어가고 큰 도시 한옥에도 많이 들어가고 그랬거든. 그 나무가 아주 유명한 나무야. 이름이 금강 소나무지 아마. 그때 시장 안에서 청과물, 어물전 장사를 하는 홍광수 아저씨하고 네 외할아버지하고 이 회장님하고 몇 사람이 의형제를 맺어 친하게 지내면서 물건 거래를 했어. 봉화에서는 그래도 밥술 먹고 잘사는 동네 유지들이셨지. 그 당시엔 양반들도 도매상하면서 독립군들 많이 도왔어. 아버지가 그때 정미소와 춘양목으로 전답과 돈이 많았을 때라 이 회장한테도 물건을 많이 대주셨어. 그 물건을 대구 삼성상회에도 갖다 팔고 멀리는 만주까지 내다 팔아 돈을 많이 버셨지."

"엄마, 내가 초등학교 다닐 때 외할아버지가 이 회장님 만나고 와서 기분 좋아하시며 그분에 대해 칭찬하셨던 것, 그리고 젊었을 때 정미소에서 쌀 거래하실 때 있었던 이야기가 생각이 나거든요. 두 분이 그 후로도 가끔 만나셨어요?"

"오래된 이야기지만, 네 외할아버지가 젊었을 때 이 회장님을 포함해서 몇 사람과 의형제를 맺고 친하게 지내셨어. 네 외삼촌 그 시절 경성제국대학 들어갔을 때도 축하를 많이 해주셨지. '형님, 자제분이 공부를 잘해서 좋겠습니다'라고 자주 말하셨어. 그 어르신이 외삼촌들 공부 잘하는 거 참 부러워하셨어. 인재에 관심이 많으셨지. 나중에 사업이 너무 잘돼서 성공하시고도 네 외할아버지 보고 싶다고 사람을 몇 번 보냈어. 성공하면 잘난 척하고 옛날 사람들 무시하고 그런 사람들도 있는데, 이 회장은 절대 그런 어르신이 아니셨어. 옛정을 기억하고 의리를 지키는 분이셨지. 네 외할아버지 말고도 대구에서 함께 동업하던 사람들과 계속 만나셨대. 나중에는 워낙 유명해지고 바빠지셔서 거의 연락이 끊긴 것 같은데, 아마 고 사장과 사업을 계속 같이 하신 모양이야. 고 사장이 오며 가며 서로의 소식을 전해주셨지. 네 외할아버지가 한학도 많이 아셨고 이 회장님이 사업 조언을 부탁할 정도로 워낙 지혜가 많으셨어. 네 외할아버지가 돌아가시고 나서는 고 사장도 발걸음이 끊기고 해서 아무 소식 못 듣다가, 뒤늦게 텔레비전을 보면서 이 회장님도 돌아가신 걸 알았지."

"엄마가 기억하는 이 회장님은 어떤 분이셨어요?"

"정말 계산이 정확하고 그러면서 인정도 있는 어른이셨어. 할아버지와 쌀 거래 하실 때 보면 다른 사람들은 사정이 어렵다고 하루 이틀 미루는 걸 대수롭지 않게 생각했는데, 그분만큼은 하루도 수금이 밀린 날이 없으셨어. 아침 일찍부터 정확하게 수금 날짜 맞추고, 아무튼 약속 하나는 기가 막히게 잘 지키셨어. 아버지가 그 점을 늘 칭찬하셨지. 그렇게 신용 있고 부지런하시니 사업이 잘될 수밖에. '큰 부자가 될 수밖에 없는 분'이지."

친정어머니 이야기를 들으며 어린 시절 외할아버지가 이 회장을 만나고 와서 왜 그토록 기뻐하셨는지 조금이나마 이해가 됐다. 외할아버지는 젊은 날 자신과의 정을 기억하고 사람까지 보내 자신을 만난 이 회장에게 가슴 깊이 고마움을 느끼셨던 것 같다.

이처럼 한 조직의 구성원이든 외부 고객이든 한 회사에 고마움을 느끼는 경험을 하면 대체로 그 회사에 대한 좋은 이미지를 품고 지지를 보내거나 주요 고객이 된다. 앞으로 점점 더 품질보다 사람의 마음을 움직이는 감성 마케팅이 중요하게 다루어질 것이다. 아무리 훌륭한 제품을 생산해도 기업의 이미지가 좋지 못하면 고객들은 그 회사를 외면한다.

사람의 마음을 움직이는 코치형 리더는 상대방으로 하여금 고마움을 느끼게 하는 사람이다. 기업이 오랜 경주를 위해 목적지로 달려가기 위해서는 조직 구성원들 안에 풍부한 내적자원이 담겨 있어야 한다. '내적자원'이란 감사, 인정, 격려, 기쁨, 배려, 희망, 행복, 신뢰, 관심, 용기, 관용, 사랑, 온유, 열정, 만족감, 자신감 등 위기를 만났을 때 필요한 자기 안의 긍정적인 자원들을 말한다. 코칭에서는 이러한 내적자원을 개발하는 훈련을 한다. 이런 자원들은 자신 안에 있는 잠재성을 발견하여 성과를 얻게 하고 목표를 달성하는 데 긍정적인 에너지원이 된다. 그중에서도 조직 구성원이 회사에 대해 가지는 감사한 마음은 회사를 지탱하는 가장 큰 원동력이 된다.

직원들에게 고마움을 주는 회사인가

이 회장에 대한 자료들을 찾다가 고인이 되기 전 그가 마지막에 남긴 신에 대한 물음을 다시 읽어보게 되었다. "종교란 무엇인가?", "종교가 왜 인간에게 필요한가?", "영혼이란 무엇인가?" 등 그의 고뇌가 묻어난 물음을 보니 그의 진솔함과 인간적인 면모가 더욱 마음에 와 닿았다. 시간을 40년 전으로 되돌리면 외할아버지께서 자주 들려주시던 말씀 하나가 생각난다.

"고마움을 아는 게 인간다운 사람이란다. 이다음에 네가 잘되었을 때 너를 돌아봐준 사람들의 고마움을 절대 잊어서는 안 된다."

S전자가 영혼이 있는 기업, 모든 사람들에게 고마움을 느끼게 하는 기업이 된다면 훌륭한 기업을 넘어 존경받는 세계 기업으로 도약할 것이다. 성과를 자랑하는 기업은 많아도 존경받는 기업은 많지 않다. 개인이든 조직이든 그들만의 역사를 써오며 수없이 헌신하고 희생한 고마운 사람들의 손길을 거쳐 왔을 것이다. 어려운 시기에 힘이 되어주었거나 자신이 더욱 성장할 수 있도록 도와주었다면 그 시기에는 그들이 '코치'가 되어 주었다고 말할 수 있다. 체계화된 프로세스를 통해 구조화된 대화법으로 진행하는 코칭식 대화가 아니더라도, 혹은 전문적인 코치 훈련을 받지 않았더라도 누군가를 위해 진심으로 경청해주며 인정과 지지를 보내고 있다면 훌륭한 코치 역할을 담당하고 있는 것이다.

Self Coaching

"나는 누구인가?"
"기업은 내게 어떤 의미를 주는가?"
"내게 평생 고마움을 준 사람은 누구인가?"

조직의 성과를 높이는 팀코칭

세계적인 경제 위기 속에서 조직의 높은 성과를 기대하는 것이 쉬운 일은 아니다. 이런 경영 환경의 불완전성을 고려할 때 조직의 지속적인 성장과 높은 성과 창출을 위한 목표는 보다 효과적인 팀제 운영에 대한 관심으로 이어진다. 우리나라의 많은 기업들 또한 경영혁신을 기대하며 팀제를 도입하여 운영하고 있지만 원칙 없는 대안과 경험 부재, 운영자원 부족으로 많은 어려움을 겪고 있다. 조직의 팀 문화가 효과적으로 정착하기 위해서는 수직적인 탑다운Top-down 방식의 문제점을 찾아내고 조직의 전체 시스템에 대한 운영 방식들을 명확하게 이해할 필요가 있다.

조직구성원들의 동기부여를 돕는 코칭문화

조직의 성과 달성을 위한 팀코칭의 이해와 실행력을 높이기 위해서는 세 가지 관점이 충족되어야 한다. 첫째, 팀 조직 구성원이 코칭에 대해 기본적인 이해력을 갖추고 코칭문화를 조성하려는 노력이 필요하다. 둘째, 팀은 내부경쟁이 아닌 협력관계가 되어야 한다. 셋째, 팀장은 코치형 리더의 역할을 감당할 수 있어야 한다. 구체적으로 살펴보면 다음과 같다.

조직의 성과를 높이기 위해서 팀제를 실시하고 코칭을 활용하기 위해서는 무엇보다 커뮤니케이션 능력을 향상시킬 필요가 있다. 코칭에서는 조직구성원들간의 의사소통 기술이 매우 중요하게 사용된다. 조직 안에서 동기부여가 필요한 팀원이 상사의 인정을 통해 자존감을 회복하고 팀원들간의 진솔한 피드백을 통해 조직의 놀라운 성과를 기대할 수 있다. 긍정적 보상, 적극적 경청 및 이와 같은 분위기 조성이 조직 안에서의 코칭문화다. 조직 구성원, 즉 팀원들과의 성과를 높일 수 있는 코칭 프로세스의 예를 들어 보면 아래의 그림과 같다.

팀은 내부경쟁이 아닌 협력관계가 되어야 한다

조직이 성과를 내는 데 가장 큰 장애물 중 하나는 내부경쟁이다. 내부경쟁은 기업에 막대한 피해를 주는데 팀원들간의 의사소통 단절로 인한 매출 하락과 정보의 독점, 의욕상실, 열등감 초래 등 온갖 역기능적인 모순을 초래한다. 예를 들면, 소수의 직원에게만 이익이 돌아가게 하는 성과급 평가제, 강제 할당, 경쟁을 통한 금전적 보상 등이 내부경쟁을 부추기는 요인이다.

피터 드러커Peter F. Drucker는 "어디에서 활용되든, 무엇을 하든 팀은 가장 효과적인 조직"이라고 말했다. 이는 팀은 내부경쟁이 아닌 협력관계가 되어야 한다는 것을 말해준다. 협력은 전문화된 팀코칭 기술이다. 팀의 협력을 이끌어내기 위해 코치는 팀장을 포함한 팀원들의 다양성을 존중하고 개인의 스타일, 잠재 역량, 의견들을 열린 자세로 듣고 통합하는 자세를 갖도록 코칭한다. 협력관계에서 주목해야 할 팀코칭은 개인적 성취에 초점을 두는 것이 아니라 팀 공동의 성취에 대해 관심을 가져야 한다.

팀장은 코치형 리더의 역할을 하라

조직 안에서 효과적으로 팀제가 정착하고 지속적인 성과를 내려면 팀장의 역할이 매우 중요하다. 팀장이 리더의 역할을 제대로 하려면 코치의 자세를 갖추어야 한다. 팀코칭에서 코치는 팀장에게 조직 안에서 코치의 역할을 할 수 있도록 코칭에 대한 실습을 병행하기도 한다. 코칭이 끝나더라도 팀장 스스로가 조직 안에서 변화와 성장의 선도자로서 역할을 감당하도록 한다. 이때 팀장은 팀의 성과를 향상시키기 위해 조직의 이슈에 대한 끊임없는 피드백을 팀원들과 나누며 팀 공동의 목표를 지속적으로 상기시켜나간다. 코치형 팀장은 실행 계획action plan을 세워 팀원들의 행동을 강화하며 조직의 비전을 유지하도록 해야 한다. 팀원들이 조직의 비전을 명확하게 인식하고 있다면 높은 성과 창출은 시간 문제라 할 수 있다.

무엇이 CEO를 만드는가

3장

사람을 살리는 CEO, 죽이는 CEO

우리를 비난하는 사람들이 하는 말 그대로
우리의 정체성을 방치할 수는 없다.
_리 스콧 주니어

━━ 비가 추적추적 내리는 어느 날이었다. 프랑스 뒷골목의 허름한 카페에서 한 가난한 실업자 청년이 "앞으로 무엇을 하며 살아야 하나?" 고민하고 있었다. 그때 그곳을 지나던 한 백작 부인이 청년 앞에 멈췄다. 그녀는 청년의 옷을 찬찬히 살피다가 물었다.

"이 옷을 어디서 샀나요?"

"네? 이 옷은 산 것이 아닙니다. 제가 만들어 입은 거예요."

"정말인가요? 당신 옷 만드는 솜씨가 대단하군요! 좀 더 노력한다면 큰 부자가 되겠어요!"

백작 부인의 칭찬에 청년은 정신이 번쩍 들었다.

"옷 사 입을 돈이 없어서 여기저기 천을 모아 만들어 입은 것 뿐인데…."

백작 부인의 칭찬은 그 청년의 인생을 하루아침에 변화시켰다. 그는 칭찬을 통해 자신에게 옷 만드는 재주가 있음을 발견하고 용기 내어 새로운 시작을 할 수 있었다. 한 사람의 칭찬이 '앞으로 무엇을 하며 살아야 할지'에 대한 답을 찾도록 도운 것이다. 돈이 넉넉하지 않았던 청년은 우선 파리 뒷골목의 허름한 창고 하나를 빌려 자신의 이름을 내건 의상실을 만들었다. 1950년 '피에르 가르뎅 의상실'이 탄생한 순간이었다. 1961년 피에르 가르뎅Pierre Cardin은 처음으로 유행 의상을 디자인하여 대량 생산[13]을 시도했고, 이후 최고의 디자이너로 불리며 엄청난 부와 명예를 거머쥐었다.

코칭의 관점에서 보면 피에르 가르뎅은 스스로 '셀프코칭' 질문을 던지고 대단히 성공적인 답을 얻은 셈이다. 그는 타인의 말을 경청하고 자신에게 유익이 되도록 새로운 상황을 만들어나갔다.

피에르 가르뎅의 이야기에서 그의 성공에 결정적인 단서를 제공한 사람은 백작 부인이었다. 그녀는 의도치 않게 훌륭한 코치 역할을 했다. 절망에 빠져 있던 백수 청년에게 친절하게 말을 건네고 상대방 안에 있는 강점을 찾아 인정의 말을 해주었다. 진심 어린 칭찬은 한 사람의 영혼을 살릴 만한 힘을 가지고 있다. CEO로서 직원들에게 이 백작 부인처럼 진심 어린 칭찬과 인정의 말을 한다면 어떤 변화가 일어날까? 한 영혼이 살아나는 것이다.

당신은 사람을 살리는 CEO인가? 죽이는 CEO인가?

실제로 직장인들이 가장 선호하는 CEO 유형 1위(응답자의 36.2%)는 기업 비전을 제시하고 이를 공유하는 '비전 제시형'으로 나타났다.[14] CEO에 대한 기대가 달라지고 있는 것을 분명하게 보여준다. 코치는 명령하고 군림하는 보스가 아니다. 이제는 과거처럼 권위적인 리더의 모습으로는 존경받는 CEO가 될 수 없다. 코치형 리더는 권력을 쥐고 조직을 통제하기에 급급한 과거의 보스형 리더와는 완전히 다른 리더십을 발휘한다. 보스형 리더는 명령하는 태도와 일방향 소통 방식을 사용하지만, 코치형 리더는 부하직원들과 수평적인 입장에서 양방향의 소통 방식을 사용한다. 또한 부하직원들의 입장에서 생각하고 그들의 잠재능력과 역량을 최대한 발휘하도록 돕는다. 한마디로 부하직원들의 비전 제시자요, 닮고 싶은 롤 모델인 것이다.

CEO에게 필요한 것으로 경청, 인정과 칭찬, 충성스러운 부하직원, 갈등관리 능력, 창조 능력 등이 있다. 놀랍게도 이 모든 역량을 개발하는 가장 간단한 방법은 코치형 리더, 코치형 CEO가 되는 것이다.

"환자들에게 소문이 나기 시작했어요"

니즈를 들을 수 있는 경청 능력

상대방이 원하고 바라는 것에 귀 기울여라.

_데일 카네기

"그동안 교육이며 컨설팅이며 이것저것 많이 받아보긴 했는데 들을 땐 좋지만 시간이 지나면 거의 다 잊어버려요. 그런데 코칭은 두고두고 써먹을 수 있어 좋네요."

코칭을 하면서 종종 듣는 이야기다. 특히 CEO코칭은 코칭이 끝나고 나서도 여러 코칭 기술들을 부하직원들에게 활용할 수 있다는 장점이 있다. 그래서 CEO가 코칭을 받게 되면 파급효과가 매우 크다.

코칭은 코치가 답을 직접 주는 것이 아니라 코칭 받는 이가 답을 찾도록 도와주는 대화법이다. 한 명의 CEO를 제대로 코칭하거나 코칭 교육을 시키고 나면, 그 스스로가 자신을 코칭self coaching할 수 있는 자생력을 갖게 된다. CEO가 코치형 리더가 되면 조직의 문화는 자연스레 코칭문화로 바뀌게 된다. 코칭문화란 경직된 탑다운top-down 방식이 아니라 잠재력을 충분히 이끌어낼 수 있는 수평적 분위기가 조직에 형성되는 것이다. 즉, 서로에 대한 존중과 배려, 인정과 공감, 경청과 칭찬의 분위기가 자연스러워지는 문화다.

이제는 코칭이 대기업뿐만 아니라 중소기업에도 적용되고 있고 자영업자에게도 확산되고 있다. 이러한 분위기는 조직의 리더라면 코칭기술을 익히고 경영의 패러다임을 바꿀 필요가 있다는 것을 시사한다. 우리나라는 OECD 국가 중에서 자영업자 수가 가장 많은 나라다. 무수히 많은 자영업자들이 크고 작은 사업체를 경영하고 있다. 비록 대기업에 비할 수 없는 작은 조직일지라도, 대기업 CEO 못지않은 마인드로 성공신화를 만들어내는 자영업자들을 종종 볼 수 있다.

"돈과 행복은 절대 비례하지 않더군요"

나에게 오랜 시간 코칭을 받아온 안 원장도 자신이 경영하는 조직에 코칭 기술을 적용하며 지속적인 성장을 이루고 있다. 안 원장은 안과 전문의로서 개인 병원을 운영하고 있다. 그녀는 환자 뿐만 아니라 직원, 나아가 병원 경영에도 코칭을 활용하는 코치형 리더다. 얼마 전 코칭을 하며 안 원장에게 질문을 던졌다.

"지금까지 병원을 경영하면서 가장 인상 깊었던 일이 무엇인가요?"

"병원을 오픈하고 제가 가장 힘들었던 기간이 있었어요. 아이러니하게도 돈을 가장 많이 벌었던 때였지요. 그때는 환자들이 너무 밀려들어서 화장실 갈 시간도 없이 끊임없는 진료와 수술을 했어요. 병원 매출이 급격하게 늘어나니 당연히 좋아야 하는데 오히려 '내가 돈 버는 기계인가?'라는 회의감이 들더라고요. 몸은 점점 피곤해져만 가고…. 그때 절실히 깨달았어요. 돈과 행복은 절대 비례하지 않는다는 걸요."

"그 깨달음이 가장 인상 깊었나요?"

"아니요. 인생에서 돈이 전부가 아닌 걸 알고난 이후부터는 병원을 찾아오는 환자들에게 관심을 갖게 되더라고요. 환자들 눈에는 각자의 삶이 고스란히 담겨 있거든요. 어느 날 허름한 옷을 입고 퀴퀴한 냄새를 풍기는 40대 후반의 남자가 진료실에 들어왔어요. 그런데 그 남자가 뜬금없이 저한테 돈을 꿔달라고 하는 거예요. 너무 황당해서 '당신 대체 누구냐?'하고 물었더니 무표정한 얼굴로 '감옥에서 나온 지 얼마 안 됐수다' 하더라고요. 감옥에 있을 때 전도받고 변화되었데요. 출소하고 옛날 집에 찾아갔더니 주인이 그동안 밀린 집세 안 낼 거라면 당장 나가라고 소리치더래요. 할 수 없이 서울역에서 노숙을 했는데, 돈을 꿔달라고 할 땐 완전 깡패한테 협박당하는 기분이었어요. 속으로 겁도 났지만 좋게 얘기해서 그냥 돌려보냈죠."

"그렇게 마무리된 건가요?"

"아니요, 며칠 후에 다시 왔어요. 근데 참 이상하지요. 저한테 본인 이야기를 털어놓는데, 그 사람이 너무 불쌍하단 생각이 드는 거예요. 자기는 고아원에서 자랐고 배운 것도 없는데다 생각지도 않게 주먹이 먼저 나간다고 그러더라고요. 그런 자신이 스스로도 너무 한심스럽다고. 근데 그게 몸에 배어서 통제가 안 됐고 그러다 전과자가 된 거래요. 솔직히 그 사람 말을 다 믿긴 어려웠지만 그래도 그의 삶이 참 불쌍하더라고요. 저도 모르게 눈물을 흘렸더니 그 사람이 세상에 태어나서 자신을 위해 진심으로 눈물을 흘려준 사람을 처음 본다고 했어요."

"그 상황에서 믿기 어려운 이야기를 진심으로 들어주시고 공감도 충분히 잘해주셨네요. 그 이후에 무슨 일이 일어났나요?"

"그 이야기를 듣고 나서 저는 그 사람 눈을 자세히 봤어요. 제가 안과 의사를 오래하다 보니 눈에 담긴 진심을 느낄 수 있거든요. 작은 돈이었지만 그 사람을 믿고 줬어요. 그랬더니 자기가 반드시 새 사람이 돼서 제도권 밖의 힘든 아이들을 돌봐줄 거라고 얘기하고 갔어요. 그때 그 사람이 정말 고마워하고 결심을 단단히 한 것 같은 느낌이 들었거든요. 근데 얼마 전에 정말 놀라운 이야기를 들었어요. 그 사람이 어려운 아이들을 도와주는 성직자가 되었대요. '내가 사람을 잘못 본 게 아니구나'하는 생각이 들었어요. 그 사람이 정말 착하게 살고 잘 되었으면 좋겠어요. 그게 안과 의사하면서 가장 인상 깊은 경험이었어요."

고객의 말을 어떤 자세로 듣고 있는가

나는 안 원장이 사람의 눈을 통해 진심을 느낄 수 있는 놀라운 통찰력을 지닌 것을 인정하고 공감해주었다. 그리고 코칭이 끝난 후 코칭에서 사용하고 있는 '눈동자 접근단서eye accessing cues' 기술을 그녀에게 알려주었다. 이 기술은 사람의 눈동자 움직임을 보고 내면의 미세한 단서를 파악해내는 것으로 코치들에게 굉장히 중요한 기술이다. 미국

시카고대학교 심리학과 교수인 에커드 헤스Eckhard Hess는 "인간은 눈동자에 모든 내적 정보를 담고 있다"라고 주장하였다. 코칭에서도 내면 상태의 움직임에 따라 눈동자가 규칙적으로 반응한다고 본다. 예를 들면 과거를 회상할 때 눈동자 방향은 거의 위쪽으로 움직인다. 강의를 할 때 "초등학교 시절 소풍갔을 때를 한번 떠올려보시겠어요?"라고 질문을 던지면 대부분의 사람들이 과거를 떠올리면서 눈동자를 위로 올린다. 좀 더 구체적으로 얘기하면 과거의 경험에 대한 눈동자 움직임의 방향은 왼쪽 위다. 또한 "앞으로 10년 후의 내 모습을 상상해보실까요?"라는 질문을 던지면 이때도 사람들의 눈동자는 위로 가지만 방향은 오른쪽으로 미세하게 움직이는 것을 발견할 수 있다. "지금 당신이 가장 원하는 것은 무엇인가요?"라든가 "앞으로 인생을 어떻게 살고 싶으세요?" 등의 진지한 질문을 던지면 사람의 눈동자는 점점 아래로 떨어지고 몸도 프랑스 조각가인 로댕의 '생각하는 사람'처럼 안으로 수그러들게 된다.

소리에 대한 눈동자 움직임은 양쪽 옆 방향이다. 특히 과거의 기억에서 끄집어내는 소리, 예를 들면 "대학교에 합격했을 때 어떤 소리를 들으셨어요?", "지금까지 살면서 들은 가장 기분 좋은 말은 무엇인가요?" 등의 질문에 대해서는 눈동자가 왼쪽 옆으로 반응한다. "앞으로 당신이 원하는 일이 성취되었을 때 사람들에게 어떤 말을 듣게 될까요?", "그 회사에 취업했을 때 어떤 말을 듣게 될까요?", "고시에 합격했다고 상상해본다면 주변에서 어떤 말이 들리는 것 같나요?" 등 미래에 듣게 될 말을 물어보면 눈동자는 오른쪽 옆으로 움직인다. 내적

대화를 할 때는 왼쪽 아래, 기억되는 느낌은 오른쪽 아래 방향으로 눈동자가 움직이는 것을 관찰할 수 있다. 눈동자 움직임은 사람마다 조금씩 다르기도 하고 미세한 움직임을 관찰해 내적 상태를 파악해내는 것이어서 전문적인 훈련이 필요하다.

에커드 헤스 교수의 주장처럼 이러한 눈동자 움직임의 방향을 잘 파악하면 상대방의 정서나 심리적 변화들을 잘 읽어낼 수 있다. 앞에서도 잠깐 소개했지만, 의사소통의 93%가 비언어적으로 이루어지는데 많은 사람들이 이 부분을 놓친다. 조금만 관심을 기울이면 말과 신체 언어가 다르게 나타나는 경우가 얼마나 많은지 금방 눈치챌 수 있다. 말로는 괜찮다고 하지만 얼굴 표정이 굳어 있고 근육의 긴장이 느껴진다면 절대로 괜찮은 것이 아니다. 상대방이 울고 있지 않아도 눈을 통해서 그 슬픔을 감지할 수 있다면 어떨까? 비언어적인 신호에 대해 조금만 민감해져도 주변 사람들의 마음속에 숨겨진 말을 들을 수 있는 능력이 생긴다. 상대방의 진심을 듣기 위해서는 입으로 나오는 말을 경청하는 것도 중요하지만, 말이 아닌 비언어적인 단서를 찾아 들어주는 것이 더 중요하다. 대부분의 사람들이 상대방의 몸 신호를 읽지 못하고 그냥 지나가기 때문에 자신의 생각만 관철시키려고 한다. 그러다 보니 상대방의 욕구를 제대로 파악할 수가 없어 관계형성에 실패하고 마는 것이다.

비즈니스 상황이라면 더 주의해야 한다. 고객이 신체언어를 통해 정말 원하는 것을 계속 말하고 있는데 그것을 파악하지 못하고 그저 자신의 이야기만 한다면 결코 고객에게 신뢰를 얻을 수 없다. 비즈니스 성사에 급급해 고객이 전혀 관심을 가지고 있지 않는 부분에 대해 장황하게 늘어놓는다면 상품 판매도, 계약도, 비즈니스도 모두 놓치게 될 것이다.

서울대학교 은퇴코칭전문가 과정에서 강의를 할 때 수강생 중에 보험 판매왕이 있었다. 그에게 어떻게 하면 많은 실적을 낼 수 있는지 비결을 물었다.

"저는요, 지금까지 단 한번도 보험을 판매한 적이 없어요. 보험에 대한 얘기를 먼저 하기보단, 진심을 가지고 고객의 말에 귀를 기울여요. 한참을 듣다 보면 고객이 먼저 제게 보험을 소개해달라고 해요. 그때서야 저는 보험 얘기를 하게 되지요."

그 이야기를 듣고 나는 "정말 코칭을 잘 활용하시네요!"라고 했다. 코칭의 핵심기술은 경청인데, 고객의 말뿐만 아니라 비언어적인 부분까지 모두 듣는 진지한 태도는 비즈니스에서 매우 중요하다.

나는 고객의 니즈를 파악하고 있는가

안 원장도 환자의 니즈needs에 관심을 기울이고 그들의 소리에 귀를 기울임으로써 위기를 극복한 경험이 있다. 그녀는 유명 대학병원 바로 앞에서 개인병원을 운영하며 처음에는 힘든 시간을 보내기도 했다. 하지만 환자의 니즈를 잘 파악한 덕분에 지금은 제법 경쟁력을 갖추게 됐다. 지방에서도 소문을 듣고 환자들이 몰려오는데다 수술을 받기 위해 해외에서 찾아오는 환자도 계속 늘고 있다. 작년에는 "대한 안과의사회 공식인증 라식라섹수술병원"으로 선정되기도 했다.

안 원장은 그동안 나와 코칭을 하면서 배운 코칭 기술을 자신에게 자주 적용해본다고 했다. 코칭을 어느 정도 익히면 셀프코칭에 능숙해진다. 셀프코칭은 자기 스스로 질문을 던지고 답을 찾아내면서, 자신이 원하는 목표에 도달할 수 있도록 변화와 성장을 불러일으키는 과정이다.

> **안 원장**   제가 운영하는 안과병원은 유명 대학병원 앞에 있기 때문에 위치상으로는 잘되기 힘든 게 당연했죠. 이런 악조건뿐만 아니라 병원 오픈하며 다른 어려운 일들이 많이 있었어요. 그때 코칭에서 '진짜 원하는 것을 묻는 강력질문'을 제 스스로에게 던져봤죠.
>
> **코치**   스스로에게 질문을 던지셨다고요? 멋지군요! 어떤 질문을 던져보셨나요?
>
> **안 원장**   '대학병원 앞에 있는 개인병원 의사에게 환자들이 원하는 것이 무엇일까?'를 제 스스로에게 물어보았어요.
>
> **코치**   환자들의 입장에서 질문을 던져보셨군요.
>
> **안 원장**   네, 맞아요. 전적으로 환자들의 입장에서 그들이 원하는 것에 초점을 맞췄어요. 한마디로 의료 시스템을 살피며 환자들을 위해 제가 해야 할 일이 무엇일까 고민해본 거예요. 대학병원이 놓친 부분을 그들의 입장에서 찾아보려고 노력한 거지요. 다 그런 건 아니겠지만, 대학병원 의사들

이 레이저 수술은 잘 안 하려고 해요. 수술비도 비싸고 수술도 굉장히 까다로운데다가 수술 후에 환자들이 말도 많고 만족도가 낮거든요. 그리고 환자들 중에는 하루 종일 기다리고도 구체적인 설명을 못들어서 의사의 말이 좋다는 건지 나쁘다는 건지 이해하지 못하는 경우도 많고요. 예전보다 많이 좋아졌다지만 아직도 불편을 느끼는 환자들이 많아요. 저희 병원에 그런 환자분들이 많이 오세요. 저도 대학병원에서 커버하지 못하는 영역들을 놓칠 수도 있었는데, 환자의 입장에서 질문을 던져보니 답이 나오더라고요.

코치   와~ 정말 훌륭하시네요! 그럼 병원 경영에 실질적으로 도움이 된 구체적인 전략은 무엇이 있었나요?

안 원장   제가 다른 병원처럼 백내장이며 망막이며 그렇게 판을 크게 벌였으면 벌써 망했을지도 몰라요. 판을 너무 키우면 실속은 없는데 모양만 커지고 수요를 더 일으켜야 되니 부담이 되죠. 다른 데 너무 신경쓰다보면 정작 중요한 '진료의 퀄리티'가 떨어지기 마련이에요. 선택의 기로에서 결단을 내린 거죠. 대학병원 기계보다 업그레이드된 기계를 구입하고 집중적으로 레이저에 투자했어요. 레이저 수술이 비보험 영역이니까 그 분야에 집중하는 병원이 많지 않을 거라고 본거죠. 환자 입장에서는 기계도 더 좋고 수술 결과까지 좋으니 알아서 입소문을 내주기 시작하더라고요.

재미있는 일들도 많이 있었는데, 대학병원 직원들도 소문을 듣고 저희 병원에 와서 수술을 받았다니까요? 환자들에게 '어떻게 이렇게 완벽한 도수가 나올 수 있나요?' 그런 얘기를 들으니까 저도 기분 좋고 보람도 많이 느껴요.

코치   광고를 따로 하신 것도 아닌데 입소문으로 환자들이 찾아오고 병원이 성장하고 있다니 참 놀랍네요. 그러면 앞으로 원장님이 기대하고 있는 것은 무엇인가요?

안 원장   제가 30대 초반의 젊은 여자 의사로서 처음 개업했을 때 '과연 내가 성공할 수 있을까?'를 많이 고민했어요. 처음에 동업했던 선배 의사가 사정이 생겨 그만두고 병원을 혼자 떠안았을 때는 정말 암울했죠. '그냥 포기할까? 대학병원으로 들어갈까?' 온갖 생각이 들었는데 그때 딱 한 가지만 생각하기로 했어요. 코칭에서 배운 상대방의 입장에서 질문을 던져 보는 거요. '환자가 무엇을 원하는가? 그거 채워주자. 그러면 된다' 그런 생각이었어요. 지금 돌아보면 그게 적중한 거고요. 앞으로 이 좋은 안과 기술을 가지고 전 세계 사람들이 눈으로 인한 고통이 없도록 도움을 주고 싶어요. 할 수만 있다면 안과 의사들과 후배들에게도 제가 그동안 축적해온 노하우를 나누어주고 싶어요.

코치로서 훈련해 나가야 하는 역량은 여러 가지가 있지만, 그중에서 상대방의 마음을 알아차리는 훈련은 코칭의 성패와 깊은 관련이 있다. 코치는 피코치와의 코칭 세션을 통해 겉으로 드러나지 않는 니즈까지도 알아차릴 수 있어야 한다. 그것은 마음을 다하는 경청과 '상대가 무엇을 원하는가?'에 대한 일관된 집중에서 나온다. 안 원장의 사례를 통해 상대방의 핵심니즈를 파악해서 그것을 어떻게 제공하느냐에 경영의 성패가 달렸음을 다시 한 번 확인할 수 있었다. 더 나아가 상대방의 니즈, 마음을 파악하려는 노력은 한 사람을, 그리고 한 조직을 살리는 능력으로 이어짐을 안 원장의 사례에서 배울 수 있었다.

Self Coaching

"나는 작은 소리에도 귀 기울이고 있는가?"

"고객의 말을 어떤 자세로 듣고 있는가?"

"상대방의 신체언어를 통해 그들의 마음까지 잘 듣고 있는가?"

"수고했다, 한마디만 하셨더라면"

인정하고 칭찬하는 CEO

칭찬은 고래도 춤추게 한다.

_캔 블렌차드

"아이고, 우리 사장님이 코칭 받으신다고요?"

"네, 그렇습니다."

"제가 코칭이 뭔지는 잘 모르지만, 우리 사장님 코칭으로 달라지게 만드는 거라면 이거 하나만 꼭 부탁드릴게요."

"네, 편하게 말씀해주세요."

"제발 부하직원 기죽이는 말 좀 함부로 하지 마시라고 전해주시면 좋겠네요. 맨날 직원들 불러 앉혀놓고 위협적인 말로 회사 힘드니까 잘 하라카믄 어디 일할 맛이 나나요? 입사한 후에 우리 사장님께 칭찬이라는 거 한번도 들어본 적이 없습니다. 남자는 자신을 인정해준 사람에게는 목숨까지 바칠 정도로 충성을 합니다. 나를 인정해주는데 목숨 바쳐 일할 열정이 왜 안 생기겠어요. 그런데 말이죠. 인정은 하나도 안 해주면서 충성하라고 강요만 하니 서로가 참으로 답답한 거지요."

G회사 CEO코칭을 시작하기 전, CEO의 리더십에 대해서 사전 조사를 할 때 한 직원이 한 말이다. 회사의 상황에 따라 다르지만 어떤 기업은 코칭을 시작하기 전에 부하직원을 임의로 선정해 '360도 피드백'을 실시하거나 설문조사를 한다. CEO의 평소 리더십이 어떠한지, 그 사람의 인품은 어떤지, 부하들과의 의사소통 능력은 어떤지를 측정하기 위해서다. 360도 피드백은 인사평가나 성과평가를 위한 평가 방식 도구tool로서 평가 대상자가 CEO인 경우 조직 구성원들이 솔직하게 피드백을 제공하는 것이다. 이때 피드백을 제공한 부하직원의 개인 정보는 공개되지 않는다. 때때로 방어 수준이 높은 CEO들은 360도 피드백에서 나온 결과를 들을 때 직원들이 한 말을 수용하지 않거나 "직원들이 나를 잘 몰라서 그런 말들을 한다"고 단정짓는다. 그러나 코칭이 본격적으로 시작되면 "직원들이 왜 그런 말들을 했는지 이제야 이해가 된다"며 겸연쩍어 하고, 자신의 부족함을 깨닫고 고쳐보려고 노력하기도 한다.

코칭을 시작할 때는 일반적으로 코칭을 받는 피코치와 3~6개월에 걸쳐 10~12회의 계약을 맺거나 때로는 매년 코칭 계약을 하기도 한다. 상황에 따라 어떤 코칭은 1주일에 한 번씩 진행하기도 하고 또 어떤 경우는 한 달에 한 번씩 직접 면대면 코칭을, 혹은 전화로 텔레 코칭tele coaching을 하는 경우도 있다. 나의 경우는 텔레 코칭보다 직접 만나 일대일 면대면 코칭을 주로 한다. CEO를 코칭하기 위해서는 사전 조사를 철저히 하고 코칭에 들어가야 한다. 나는 코칭에 들어가기 전에 피코치를 이해하는 데 도움이 되는 여러 정보를 숙지하는 편이다. 코칭은 보통 한 시간 내외로 진행된다. 하지만 마주 앉아서 단순하게 대화를 주고받는 것이 아니라 구조화된 코칭 프로세스에 따라 때로는 긴장감 있는 질문과 답을 주고받기도 한다. 피코치가 새로운 시각으로 생각의 폭을 확장할 수 있도록 여러 가지 코칭 스킬을 사용하다보면, 한 시간은 금세 지나간다. 그 한 시간을 위해 코치는 정말 많은 준비를 한다. CEO 한 사람의 생각의 변화나 코칭 결과에 따라 그 회사 분위기가 바뀌고 회사 운명이 달라지는 경우가 많기 때문이다.

"우리 사장님은 칭찬 한번 하지 않는 인색한 사장"

앞에서 G회사 CEO코칭을 위해 실시한 360도 피드백을 간단히 소개했다. 360도 피드백은 보통 6명 정도의 평가자가 참여한다. 과반수 이상 평가자들의 피드백이 비슷하게 나오면 CEO의 리더십 역량을 파악하는 데 많은 도움이 된다. 그러나 대부분의 CEO들이 직원들로부터 본인의 리더십을 평가받는 것을 달가워하지 않아서 이를 시행하지 않는 회사들도 많다. 그러나 코치의 입장에서는 코칭 전 사전 인터뷰나 부하직원들의 다면평가가 코칭 효과를 높이는 데 많은 도움이 된다. G회사의 직원이 자신의 CEO에 대해서 '칭찬 한번 하지 않는 인색한 사장'이라고 불만을 토로했는데 다른 직원도 이런 말을 했다.

"한 번은 저희 사장님 모시고 해외 출장을 따라나갔어요. 그때 워낙 큰 프로젝트를 맡아서 해외에서 사장님 스케줄에 맞춰 며칠 밤을 새워가며 열심히 일했습니다. 다행히 준비한 만큼 성과도 있어서 돌아오는 비행기 안에서 잠시 뿌듯함을 느꼈지요. 그런데 공항에 내린 다음 사장님의 태도를 봤을 때 기쁜 것도 한순간에 다 날아가버리더라고요."

"어떤 태도를 보이셨지요?"

"공항에 내려서 '수고했네' 한마디만 해주시면 좋을 것을, 격려의 말 한마디 없이 그냥 차에 올라타서 쌩 가버리시더라고요. 그때 참 '내가 뭘 한 건가?' 싶고 가족들과 보내는 시간도 희생해가며 회사 일에 매달린 게 한심하게 느껴지기도 했습니다."

또 다른 직원 역시 비슷한 말을 했다.

"사장님이 지시한 프로젝트를 밤새워 수행했을 때 잘했다고 칭찬은커녕 '이것도 일이라고 했냐!'는 식의 표정을 볼 땐 정말 이 회사를 끝까지 다녀야 하는지를 고민하게 돼요."

왜 G회사 직원들은 한결같이 사장이 칭찬에 인색하다고 말하는 것일까? 칭찬에 인색한 사장 때문에, 인정을 해주지 않는 사장 때문에 직원들이 회사를 그만두고 싶다고 말하는 이와 같은 상황이 비단 G회사만의 상황일까?

여러 기업의 CEO코칭을 하며 코치로서 느끼는 아쉬운 점이 있다. 대한민국 CEO 중 자기 회사 직원들에게 존경받고 칭찬받는 CEO가 그리 많지 않다는 것이다. 직원들은 CEO를 일단 거리감이 있는 존재로 인식한다. 회사의 규모에 따라 CEO를 접할 기회가 전혀 없는 경우도 있기 때문에 CEO가 무엇을 하고 있는지, 어디에 주목하고 있는지 관심조차 없는 경우도 의외로 많다.

미국의 경영학자 글렌 토브Glenn Tobe가 경영자들과 직원들에게 성과 향상을 위한 열 가지 동기부여 요인을 선정해줄 것을 요청했다. 이 책을 읽고 있는 독자들도 다음 질문에 답해보기 바란다.

"성과 향상을 위한 직원들의 동기부여 요인은 무엇이 있겠는가?"

"어떻게 하면 부하직원들의 동기부여를 활성화할 수 있는가?"

그의 연구 결과를 보면 경영자들이 생각하는 직원들의 요구와 실제 직원들의 요구에는 거의 공통점이 없었다. 경영자들이 답한 상위 세 가지 요인은 첫 번째 '좋은 보수', 두 번째 '직장의 안정성', 세 번째 '승진 기회'였다. 반면에 직원들이 뽑은 요인은 첫 번째 '인정', 두 번째 '소속감', 세 번째 '사려 깊은 태도'였다. 직원들이 뽑은 상위 세 가지 요인은 경영자들이 뽑은 리스트에서 가장 하위에 속하는 것이었고, 경영자들이 뽑은 상위 세 가지 요인은 직원들의 리스트에 중간 정도의 순위에 들어 있을 뿐이었다.[15] 이 연구결과는 무엇을 말하고 있는가? 많은 경영자들이 부하직원들의 생각을 잘 모른다는 것을 그대로 보여주고 있다. 미국뿐만 아니라 우리나라도 마찬가지다. 물론 월급은 중요한 요소다. 그러나 직원들이 좀 더 열심히 일하도록 동기부여를 해주는 요인은 '돈'보다도 '회사의 분위기'다. 직원들에게는 '나는 이 회사에서 인정받고 있는 사람인가?', '나를 알아주는 상사가 있고 내가 소속감을 느끼고 있는가?'가 더 중요하다는 것이다.

나는 회사 직원들을 인정해주고 있는가

코칭에서 가장 주요한 스킬은 '경청'과 '질문'이다. 여기에 하나를 더 꼽는다면 바로 '인정'이다. 코칭에서는 칭찬과 인정에도 기술이 필요하다고 본다. 칭찬을 하려면 약점 대신 상대방의 강점에 초점을 맞춰야 하고, 상대방을 인정하려면 열린 마음이 필요하다. 칭찬할 때도 단순히 입에 발린 말이 아닌 진심을 담아 상대방의 강점을 인정해주어야 한다. "자네, 지난번보다 열심히 하더니 이번 프로젝트는 확실히 다르네", "이렇게 아침 일찍 출근해서 열의를 가지고 일하는 걸 보니 기대가 되는군", "매사 성실히 임하는 태도도 그렇고 동료들 챙기는 모습도 대단히 보기 좋군"처럼 그 사람의 행동에 대해 '가치'를 부여해주는 것이 칭찬의 기술이다. 코칭에서 '인정하기' 기술은 칭찬할 만한 행동에 의미 있는 가치를 부여하는 것으로, 상대방 안에 있는 최고의 능력을 올바르게 인식하는 행위를 말한다. 한마디로 그 사람 안에 있는 가치를 제대로 평가해주고 알아주는 것이다. 인정과 칭찬 모두 기술이 필요하지만 가장 중요한 것은 역시 진심이다. 평소 인정과 칭찬에 인색했던 사람이 기술만 익힌다고 해서 하루아침에 달라지기는 어렵다. 하지만 부하직원을 향한 시선을 새롭게 하고 비난거리보다 칭찬거리를 유심히 찾으며 차츰 달라져가는 CEO들을 여럿 보았다.

코칭에서 인정과 칭찬을 활용하는 것과 하지 않는 것은 피코치와의 관계나 코칭 성과 측면에서 확연한 차이를 가져온다. 때문에 코치들은 경청, 질문과 더불어 인정도 끊임없이 훈련한다. 우리는 누군가 나의 마음을 잘 알아주었다고 느꼈을 때 정서적인 만족감을 느낀다. 인정의 결여에서 오는 허탈감, 업무 스트레스, 자존감 하락은 조직 차원에서도 큰 낭비다. 최소의 투자input로 최고의 결과물output을 얻기 원하는 비즈니스 조직에서는 인정이야말로 최상의 성과를 이끌어내는 최소의 투자라 할 수 있다.

나는 G회사의 CEO코칭에서 유 사장이 인정하기의 기술을 실천하도록 매회 과제를 내주었다. 처음에는 단순 칭찬부터 시작해서 나중에는 더욱 적극적으로 부하직원들을 지지하도록 이끌었다. 인정하기 기술에는 '지지하기', '강점에 초점 맞추기', '칭찬에 가치 부여하기', '축하해주기', '솔직하게 말하기' 등 다양한 기술들이 있는데 이 활동을 실행하면 누구보다 본인 스스로가 가장 큰 행복함과 만족감을 느끼게된다. 코칭을 마칠 때쯤 유 사장이 말했다.

"제가 그동안 참 용감한 경영을 한 것 같아요. 운이 좋았어요. 직원들에게 칭찬 같은 거 하지 않고 다그치기만 했는데 너무 미안하네요. 칭찬을 해보니 회사 분위기도 많이 밝아지고 이렇게 직원들이 좋아하는 걸 그동안 너무 경직된 경영을 한 것 같아요. 어차피 잘 살자고 일하는 건데 자신을 좀 더 알아주는 분위기에서 일하면 좋지요. 칭찬은 고래도 춤추게 한다더니 그 말이 맞네요."

CEO들이여, 부하직원들에게 오늘부터 한 가지씩 칭찬을 던져보자. '우리 직원들은 칭찬할 만한 구석이 없는데?'라고 생각한다면 당신은 아직 진정한 CEO가 아니다.

"또 다시 잘하실 거잖아요"

CEO를 격려하는 부하직원

말보다 말투가 더 많은 것을 말한다.

_카민 갤로

회사가 정말 힘들 때 부하직원이 상사에게 용기를 준다면 어떤 일이 생길까?

얼마 전 수십억대의 광고 수주를 따내며 재기한 김 대표와 텔레 코칭을 했다. 그는 광고업계에 종사하며 매니지먼트 사업도 함께 하고 있다. 수화기 너머로 들리는 김 대표의 목소리는 경쾌하고 밝았다.

"코치님! 드디어 지난번 말씀드린 그 광고를 따냈습니다. 진짜 이런 날이 오네요. 이건 순전히 저를 믿고 따라온 우리 직원들의 몫입니다. 그리고 저를 믿고 끝까지 지지해준 코치님께도 정말 감사드립니다."

"우와! 축하드립니다. 그동안 정말 고생 많으셨는데 수고하셨습니다. 직원 분들도 정말 대단하신 분들이에요."

"아, 그럼요. 우리 직원들 보통이 아니지요. 제 복이라고 생각합니다. 그래서 제가 앞으로도 교만하지 않고 직원들에게 모범이 되면 좋겠어요. 새로 시작한 이 사업도 꼭 성공하고 싶고요. 그래서 경쟁력 있는 CEO로서 앞으로도 계속 코칭 받고 싶습니다."

김 대표는 작년까지만 해도 교통사고로 인해 온 몸에 남은 수술자국과 통증으로 고통스러워했다. 이렇게 짧은 시간 안에 다시 일어설 수 있었던 이유를 무엇이라고 생각하는지 물어보았다.

"순전히 저희 직원들 덕분이라고 생각해요. 이 직원들이 없었으면 이번에 수주도 절대 따내지 못했어요. 우리 직원들 덕분에 대박난 거예요. 며칠 전 자금이 들어오기로 한 바로 전날, 상대편 회사로부터 캔슬 통보를 받았어요. 밤새도록 그냥 할 줄도 모르는 기도에 엄청 매달렸지요. 그런데 그다음 날 놀랍게도 자금이 들어오고 모처럼 회사가 정상적으로 돌아갔어요. 안 그랬으면 큰 낭패를 볼 뻔했거든요. 그걸로 앞으로의 수많은 계획들을 잘 잡아볼 수 있게 되었어요. 그런 와중에 광고비만 50억 짜리인 수주를 따낸거고요. 이건 정말 큰 행운이지요."

숨 가쁘게 며칠간의 일들을 쏟아낸 김 대표는 잠시 숨을 고르더니 다시 이야기를 이어 갔다.

"참, 그리고 제가 힘들 때 코치님께 받았던 NLP코칭 교육 내용으로 코칭 지침서를 만들었어요. 직원들과 저희 회사에 맞춰서요. 근데 이게 정말 유용하더라고요. 우리 직원들이 다른 데 나가서 오디션도 많이 보고 인터뷰도 많이 하거든요. 이걸 사용하니까 애들이 떨지도 않고 자신감 있게 너무 잘하고 오는 거예요."

김 대표는 입에 침이 마르도록 직원들을 칭찬했다. 코칭을 회사 직원들에게도 가르치고 자기 회사에 맞는 업무 메뉴얼까지 만든 노력에 지지와 격려를 보내주었다.

"직원들 덕분에 다시 일어섰어요"

"김 대표님, 경쟁력 있는 CEO로서 무엇을 준비하실 계획이세요?"

김 대표는 그동안의 어려움을 통해 배운 교훈을 활용하여 실행 계획을 짜겠다고 했다.

"교통사고를 당하고 미수금들이 들어오지 않았어요. 엄연히 계약 위반인데, 그 돈이 들어오지 않으니 직원들 월급도 계속 밀리고, 참 많은 우여곡절을 겪었습니다. 그 과정에서 배운 게 정말 많아요. 제가 코치님 만났을 때도 최악의 상황이었지요. 코치님과 가장 밑바닥에서부터 함께했는데 이제 제가 한 계단씩 올라가는 것을 보여드릴 수 있어서 정말 좋습니다."

"네, 저도 정말 기대됩니다. 그런데 그 과정에서 구체적으로 어떤 교훈을 얻으셨어요?"

"그게 말이지요, 제가 교통사고를 크게 당하니까 어떤 일들이 벌어진 줄 아세요? 참…. 저도 사람들이 그렇게 무서운 줄 몰랐어요. 제가 병원에서 수술 후유증으로 꼼짝도 못하고 몇 달을 그냥 보냈잖아요. 근데 이미 계약이 돼서 들어오기로 한 광고비들이 안 들어온다는 거예요. 유명 모 회사 아시지요? 그곳은 진짜, 돈 문제 관련해서 소문이 안 좋은 건 예전부터 알았지만 저도 막상 당해보니까 욕이 절로 나오더라고요. 세상에 그럴 수는 없는 거예요."

"무슨 일이셨지요?"

"아니, 거래처 회사가 어려움에 처했다면 도와주는 게 인지상정 아닌가요? 근데 제가 교통사고로 혼수상태에 있다고 돈을 안 준다는 거예요. 제가 휠체어에서 내려오자마자 그 회사 대표를 찾아갔어요. 어떻게 이럴 수 있냐고 했지요. 그런데도 전혀 미안한 기색이 없었어요. 한마디로 '죽으면 안 주려고 했다'는 거죠. 그게 너무 얄밉고 또 억울해서 그 회사 대표에게 병원에 있는 동안 어떻게 해서라도 받아낼 거라고 말했어요. 그리고 돌아오는데 정말 너무 힘들더라고요. 저희 직원들에게 이렇게 말했어요. '너희들 회사 나가라. 내가 반 년을 병원에서 지내고 있고 월급도 전혀 못주는데 왜 회사를 안 나가냐! 제발 좀 나가라. 너네들이 회사를 떠나야 내가 회사를 정리하지 않겠냐'라고 했죠. 그런데 한 직원이 '일어나면 또 다시 잘하실 거잖아요!' 이 한마디를 던지고 씩 웃는 거예요. 하하하."

"와. 참 훌륭한 직원이네요. '일어나면 또 다시 잘하실 거잖아요!' 그 말, 정말 힘이 되는 말이네요."

"네, 그 친구가 '일어나면 또 다시 잘하실 거잖아요!' 하는데 갑자기 '그래! 나는 언젠가 다시 일어나지. 예전의 열정으로 도전하면 또 할 수 있겠다'는 용기가 생기더라고요. 그 직원이 지금도 회사를 잘 다니고 있어요. 저 같았으면요, 솔직히 그런 회사 다니겠습니까? 아, 정말 말도 안 되는 거지요! 사장은 만신창이가 됐지, 회사는 끝난 걸로 보이고, 미결재 수금 때문에 여기저기서 아우성치지. 이런 회사를 지키고 있다는 게 진짜 말이 안 되는 거지요. 그런데 그 친구가 저를 믿고 그런 말을 딱 던지는데 생각이 확 바뀌더라고요. 지금도 어떻게 그 직원이 저한테 그런 말을 할 수 있었을까 생각하면 정말 든든해요. 그때 말도 말이지만 그 직원 말투에서 진실함과 진정성을 읽었어요. 진심 어린 말이 제 가슴을 뛰게 만든 거지요. 그래서 그 친구 데리고 이 사업 다시 시작한 거예요."

"아, 정말 감동입니다. 어떻게 그렇게 훌륭한 직원을 두셨어요?"

"하하, 그러게요. 감사한 일이지요. 제가 힘들다가도 그 직원의 말을 다시 떠올리면 힘이 저절로 생겨요."

회사가 어려울 때 직원의 행동은 어떠한가?

김 대표는 불안한 마음이 생기지 않도록 직원이 해준 격려의 말에 마음의 중심을 잘 두고 있었다. 코칭에서는 이러한 마음의 중심잡기 자세를 '센터링centering'이라고 부른다. 센터링에는 마음의 기초를 튼튼하게 다지는 그라운딩grounding 요법과 바람 부는 대로 따라가는 플로잉flowing 요법이 있다. 그라운딩 요법은 큰 나무가 땅 속 깊이 뿌리내려 비바람에도 쉽게 흔들리지 않는 것처럼 굳게 중심을 잡은 마음 자세를 말한다. 플로잉 요법은 바람 부는 대로, 물 흘러가는 대로 저항을 따라 유연하게 움직이지만 오뚝이처럼 다시 중심을 잡고 일어서는 자세, 끝까지 중심을 잃지 않는 자세를 말한다. 어쨌든 이 두 기술은 모두 마음의 중심을 꽉 잡고 있는 자세를 뜻한다.

나는 김 대표에게 많은 어려움이 있었지만 마음의 중심을 잡고 다시 일어선 점을 아낌없이 지지해주고 나서 최종목표를 물어보았다.

"저희 쪽은 하룻밤 자고 일어나면 시장의 흐름이 바뀌어 있어요. 얼마 전 저희 회사가 디지털 분야에 진출했는데 이건 저희 쪽에서는 혁신이거든요. 제가 사업 영역을 확장하면서 최근 매니지먼트 사업까지 진출했잖아요. 코치님 잘 아시는 노○ 김○ 진○ 현재 주연급으로 성장한 친구들을 아예 무명일 때 찾아내서 그렇게 키운 것이 대단히 보람 있는 일이거든요. 보람을 키우는 게 최종 목표예요."

"보람을 키우는 게 최종 목표라고요?"

"네, 이 사업하기 전에 오랫동안 광고업계에 있었던 것 아시지요? 그때 '엄마는 가장 좋은 선생님입니다' 기탄교육 광고 카피 썼을 때가 가장 기뻤고요, '당신을 여행하게 만듭니다'라는 신라면세점 카피 썼을 때가 두 번째로 좋았어요. 그다음이 '머릿결이 여자의 레벨이다'라는 헤어제품 광고 카피 썼을 때예요. 광고는 오랫동안 마켓에 업적을 남기는 재미가 있거든요. 그건 목표 달성, 전략적 행동계획 이런 거다 떠나서 보람 그 자체예요. '보람'이 광고하는 사람의 최종 목표인 것 같아요."

"보람이 최종 목표라고요?"

"네. 저는 보람을 위해서 일해요. 아시다시피 광고 사업이나 매니지먼트 쪽은 제가 본능적으로 사람 보는 눈이 있기 때문에 진출한 거지만, 이 디지털 세상은 보람이 없으면 일을 못하거든요. 제가 보람을 추구하니까 이 분야에서 만나는 사람들끼리 뭔가 핵융합반응 같은 게 있을 것 같아요. 그런 느낌이 요즘 자꾸 드네요. 물론 제가 수치화되고 계량화된 목표를 갖고 있지 않아서 그걸 흠이라고 보는 사람도 있겠지만요. 근데 솔직히 제 스스로 제 목표를 깊숙이 들여다보면 뭔가 저도 알지 못하는 방향으로 이끌리고 있는 느낌이 들어요. 그래서 궁극적인 목표를 물어보신다면 이 핵융합반응에 충실히 반응해서 폭발하고 싶은 것이 제 답입니다."

광고업계의 참신한 브레인 김 대표와 코칭을 마치면서 그의 재기와 열정을 축하해주었다. 그러다 문득 "회사가 나를 위해 무엇을 해줄 것인가를 생각하기보다 내가 회사를 위해 무엇을 해줄 것인가를 고민해본다"라고 한 청년 창업가의 말이 생각났다. 어쩌면 그 청년은 존 F. 케네디John F. Kennedy의 명언 "국가가 나를 위해 무엇을 해줄 수 있는지를 묻지 말고 내가 국가를 위해 무엇을 할 수 있는지를 생각하라"를 기억하고 그 말을 했는지도 모른다. 회사로부터 무엇을 받는 입장에서 주는 입장으로의 사고 전환은 회사에 대한 주인 의식을 갖게 한다. 김 대표의 부하직원이 한 격려의 말은 이런 사고에서 나온 것이 아니었을까? 우리나라의 많은 CEO들은 위기를 겪을 때 부하직원들로부터 얼마나 많은 지지를 받고 있는가?

Self Coaching

"회사가 어려울 때 직원의 행동은 어떠한가?"
"나는 회사를 위해 무엇을 하고 있는가?"
"나의 최종 목표는 무엇인가?"

"제 마음에 쏙 드는 직원, 어디 없나요?"

CEO의 갈등관리 능력

사람의 혀는 부드럽고 뼈가 없다.
그러나 한 번의 공격으로 다른 사람의 등을 부러뜨릴 수 있다.
_벤자민 프랭클린

오랜 기간 CEO코칭을 하며 재미있는 발견을 했다. CEO라면 예외 없이 누군가를 간절히 찾고 있다는 것이다. 과연 누구일까? 바로 '자신이 원하는 부하직원'이다.

"당신이 가장 원하는 부하직원은 어떤 사람인가?"

얼마 전 CEO들을 대상으로 그룹코칭을 할 때 던진 질문이다. 그때 한 CEO의 대답을 듣고 그 자리에 있던 다른 CEO들이 "맞아! 딱 맞아요. 나도 바로 그런 사람을 원해요!"라고 맞장구를 쳤다.

CEO들 모두 만장일치로 인정했던 대답, 과연 어떤 말일까?

바로 '말귀를 알아듣는 부하'였다. CEO가 '아' 하면 '어' 하고 대답해줄 수 있는 사람, 상사가 무슨 말을 하는지 빨리 알아차리고 그 속을 시원하게 긁어줄 수 있는 부하직원을 모두 찾고 있었다. CEO뿐만 아니라 임원들을 비롯해 부하직원을 두고 있는 상사라면 누구나 이런 마음을 가질 것이다. 내가 원하는 것을 가장 잘 알아차리고 해결해줄 수 있는 부하직원을 둔다는 것은 상상만 해도 행복하다. 그러나 상사가 그런 부하직원을 만나기란 쉽지 않다.

"말귀를 잘 알아듣는 직원이 필요해요"

전 사장은 자기절제가 매우 뛰어난 CEO다. 부하직원들도 자신의 감정을 잘 억제하며 업무 수행에 흐트러짐이 없는 전 사장을 많이 닮고 싶어 한다. 그런 전 사장이 며칠 전 심각한 얼굴로 찾아왔다.

"전 사장님, 무슨 일 있으세요?"

"네, 코치님. 제가 요즘 김 전무 때문에 자꾸 혈압이 오르고 갈수록 갈등의 골이 깊어지네요. 앞으로 주식도 상장되고 회사 규모도 커질 텐데 김 전무랑 오래갈 수 있을지 모르겠어요. 그동안 저와 오래 일해왔으면 말귀를 알아들을 만도 한데, 갈수록 자기 고집을 부리고 얼굴도 항상 어두워요. 오히려 제가 김 전무 비위를 맞추고 눈치를 보니 누가 사장인지 모르겠어요."

전 사장의 한숨 소리에 그동안의 마음 고생이 느껴졌다. 나는 전 사장에게 공감과 지지를 보낸 다음 코칭 주제를 물었다. 전 사장은 자기 마음에 쏙 드는 부하를 얻었으면 좋겠다고 했다. 회사가 글로벌 시장에 뛰어든 만큼 자신과 비전을 공유할 수 있는 사람이 필요하다고 했다. 먼저 전 사장에게 긴장을 풀고 시원한 계곡에서 편안하게 휴식을 취하고 있는 모습을 상상해보라고 했다. 그런 다음 이런 질문을 던졌다.

코 치 지금 기분이 어떠세요?

전 사장 아, 내가 뭣 때문에 이리 바쁘게 사나? 사람이 천년만년 사는 것도 아닌데 휴식도 좀 취하며 살아야지. 왜 이렇게 살아야 하는지 모르겠네요.

코 치 만약 전 사장님에게 시간의 선택권이 있다면 무엇을 선택하고 싶으세요?

전 사장 여유와 휴식이요. 사장이라는 자리가 사람을 쉬지도 못하게 만드는 자리인 것 같아요. 직원은 퇴근하면 그만이지만 CEO는 정신적으로도 퇴근을 할 수 없잖아요. 어떨 땐 직원들이 많이 부러워요. 본인들은 회사 망하는 거나 월급 때문에 고민 안 해도 되고….

코 치 전 사장님, 휴식을 취할 때를 상상하시면서 편안한 마음을 계속 유지해보세요. 만약 전 사장님이 마법의 지팡이로 마음에 쏙 드는 부하직원을 만든다면 그 직원은 어떤 사람일까요?

전 사장 음, 먼저 제가 뭘 좋아하는지, 무엇을 말하고 있는지, 제 진심이 뭔지 잘 간파하는 사람일 것 같아요. 사나이로서 절대 충성을 보이는 그런 사람이요. 절대 변하지 않는 사람.

코 치 그런 사람을 어디서 찾아야 할까요?

전 사장 그런 사람이요? 에이, 찾기 어렵죠. 제 마음을 저도 잘 모르는데 하물며 다른 사람 속마음을 어떻게 알겠어요. 아무리 부하라도 무조건 '너 나한테 맞춰!' 하는 자세는 억지고 그리 좋은 건 아닌 것 같네요. 가만 생각해보니 제가 김 전무한테도 너무 일방적으로 몰아붙인 것 같다는 생각이 들어요. 그동안 저같이 일중독 사장 만나 비위 맞추며 따라온 것도 쉽지 않았을 텐데, 제가 너무 김 전무를 괘씸하게만 생각한 것 같네요.

코치 그런 생각이 드세요? 그렇다면 만약 김 전무님의 입장에서 지금 전 사장님을 바라본다면 그분은 어떤 말을 사장님에게 할까요?

전 사장 뭐… 그리 좋은 말은 안 나올 것 같네요. 사장이 자기 몰라준다고 속으로 섭섭하게 생각할 거예요. 아니, 그 이상의 부정적 감정을 갖고 있는지도 모르지요. 속으로 이를 마구 갈면서….

마음에 안 드는 직원에게 긍정적인 모습 찾기

전 사장에게 코칭에서 상대방의 입장이 되어보는 포지션 체인지 기술을 실시했다. 전 사장이 김 전무가 되어 김 전무의 시각에서 자신을 바라보고 하고 싶은 말을 다 쏟아내게 했다. 그랬더니 전 사장의 입에서 이런 말들이 나왔다.

"사장님! 사장님은요, 너무 많은 걸 제게 요구하십니다. 제가 이 회사 입사한 지 이제 22년이 되었는데요. 사장님은 변한 게 없으세요. 사장님은 전혀 변하지 않고 저희들만 변하라고 요구하세요. 저희 회사가 이렇게 자리를 잡게 된 것도 어찌 보면 저희들의 노고도 있고요, 사장님 모르는 많은 땀방울이 있었거든요. 사장님이 어찌 부하들의 그 많은 뒷이야기들을 아시겠어요? 다들 사장님 눈치 보느라 사장님 귀에 달콤한 말만 할 줄 알았지, 저처럼 앞뒤 안 가리고 무식하게 용감한 발언을 하는 건 쉽지 않아요. 죽을지도 모르는 위험한 일이지요. 근데 사장님, 저는 그렇게 안 살아온 거 아시잖아요? 저 공고 출신인데 사장님께서 무시하지 않고 회사 장학금 만들어 야간대학도 보내주시고 지금 자리까지 만들어주셨잖아요. 그래서 저는 사장님을 제 인생의 은인이라 믿고 있는데 제가 사장님 귀에 거슬리는 의견을 말한다고 저를 못마땅하게 생각하는 거 자꾸 느껴지니까 저도 사실 괴롭습니다."

나는 전 사장이 김 전무의 입장에서 말한 내용을 들으며 그래도 전 사장이 그의 입장을 어느 정도 이해하고 있음을 알 수 있었다. 전 사장이 김 전무의 입장에서 하고 싶은 말을 다 하게 한 뒤에 그를 바라보는 관점의 변화가 있었는지를 물었다.

전 사장은 확연한 차이가 느껴진다고 했다. 자신의 관점에서만 김 전무를 바라보았고, 그를 괘씸하고 못마땅하게만 여겨 다른 직원을 찾고 있다는 것을 깨달았다고 했다. 앞으로 두 사람의 관계가 어떻게 될 것인지를 물었을 때 전 사장은 "서로 이해하며 끝까지 함께 갈 수 있는 관계"라고 대답했다. 이처럼 갈등 관계에서 사람을 바라보는 관점을 달리 할 때 더욱 쉽게 해결의 실마리를 찾을 수 있다. CEO에게 갈등 관리는 중요한 코칭 주제이며 우리나라 기업코칭에서 자주 다루어지는 주제이기도 하다.

최근 미국의 한 연구 결과를 보면 리더십이나 역량 개발을 위해 CEO가 발전시켜야 할 영역으로 '갈등관리(43%)'가 가장 높게 나왔다.[16] 그 밖에 권한위임, 경청, 의사소통, 계획수립, 공감능력 등이 상위 영역이었다.

CEO에게 갈등관리 능력은 왜 중요할까? 갈등관리 능력이 조직을 살리는 열쇠이기 때문이다. 코칭을 하면서 조직이든 가정이든, 작은 갈등 요소를 잘 해결하지 못해 큰 분열에 이르는 경우를 많이 보았다. 거대한 댐도 작은 균열이 생기기 시작하면서 순식간에 터져버리는 것과 같은 이치다.

현재 갈등을 겪는 관계가 있다면 의자 두 개를 놓고 셀프코칭을 한번 해보자. 갈등 상황 속 상대방의 입장에서 당신을 바라보고 그 사람이 당신에게 무엇이라고 말하는지 다 쏟아내보도록 한다. 그렇게 하면 분명 당신 스스로 반성이 필요한 모습을 발견하고 상대방의 기분을 이해하게 될 것이다. 그렇게 되면 어떤 결과가 생길까? 어쩌면 당신이 그토록 찾던 그 사람이 바로 당신 앞에 있는 상대방일 수도 있다는 것을 발견하게 될지 모른다.

어느 조직이든 갈등 구조를 피할 수는 없다. 소통이 원활할수록 갈등해소가 수월하지만, 오랜 감정이 쌓여 생겨난 갈등은 해결하기가 쉽지 않다. 그래서 평소에 대화의 시간을 자주 마련하는 것이 중요하다. 갈등을 어떻게 처리할 것인지, 좀 더 나은 방향으로 나가기 위해서 어떻게 행동할지, 직원의 행동에서 실수를 찾기 좋아하는지 아니면 인정하기를 좋아하는지…. 그 선택에 따라 사람을 살리는 CEO가 될 수도, 사람을 죽이는 CEO가 될 수도 있다.

Self Coaching

지금 나와 갈등을 겪고 있는 사람이 있다면,

"그 사람에게서 어떤 긍정적인 모습을 찾아볼 수 있을까?"

"그 사람을 좀 더 넓은 시각으로 바라본다면 어떤 관계가 되겠는가?"

"그 사람의 입장에서 나를 바라본다면?"

"어떻게 하면 좀 더 능력 있는 CEO가 될까요?"

창조 능력, 감정파악 능력, 관찰력을 갖춘 CEO

> 인간은 평생 자신에게 잠재된 능력 중에서
> 불과 5~7%밖에 사용하지 못한다.
> 그리고 그것이 자신의 모든 능력인 것처럼 살아간다.
> _윌리엄 제임스

얼마 전 모 기업 계열사의 장 사장으로부터 한 통의 전화를 받았다. 이직 관련해서 코칭을 받고 싶다는 것이었다. 계약직 사장으로 스카 웃되어 일하는 그는 오너로부터 은근히 퇴직에 대한 압박을 받고 있 음을 토로했다. 계약 기간이 끝나지 않았음에도 전년도 대비 실적을 운운하며 압력을 주니 자신감이 많이 떨어졌다는 것이다. 그는 자신 의 역량을 발휘할 때까지 참고 이 회사에 있어야 할지, 아니면 좋은 조건으로 스카웃 제의가 온 지방의 작은 회사로 옮겨야 할지 코칭 받 고 싶다고 했다.

나는 직접 장 사장을 만나 자세한 이야기를 들어보았다.

"어떻게 하면 좀 더 제 능력을 발휘할 수 있을까요?"

"이제 막 업무를 익히고 열심히 해보자고 마음먹었는데 너무 잔인하지 않나요? 당장 회사를 뛰쳐나가고 싶은 마음이 굴뚝같지만 아직 내 능력을 다 보여주지도 못했는데…. 이렇게 나가는 게 자존심도 상하고 오기도 생기네요."

우선 장 사장의 두 가지 욕구 중에 어느 쪽이 진짜 욕구인지 알아보기 위해 점수를 매겨보는 척도질문을 던졌다.

> **코 치** 지금 다니는 회사에 남고 싶은 마음은 10점 만점에 몇 점 정도인가요?
>
> **장 사장** 한 8점 정도 됩니다…. 솔직히 옮기고 싶은 마음은 별로 없습니다.
>
> **코 치** 그럼 제안이 온 회사로 옮기고 싶은 마음은 10점 만점에 몇 점 정도인가요?
>
> **장 사장** 4점정도 됩니다. 그 회사는 예전 직장 후배가 창업해서 만든 회사인데 규모가 아주 작아요. 회사 시스템이 열악하다 보니까 경험 많은 제가 내려와서 도와주길 바라는 거지요. 일손이 많이 필요한 곳이고 가족들과 떨어져 낯선 지역에서 지내야 하는 단점도 있어서 사실 거기는 별로 가고 싶지 않습니다.
>
> **코 치** 그렇군요. 점수로 봐서는 지금 계신 회사에 있고 싶은 마음이 분명하군요.

장 사장 네. 제가 여기로 올 때 한 가지만 생각하고 왔습니다. '내가 가지고 있는 능력, 후회 없이 제대로 다 보여주자' 였지요. 나이도 들었고 이제는 유능한 후배들도 많이 있으니까 여기가 제 인생의 마지막 사장 자리가 될지도 모른다고 생각했기 때문입니다.

코 치 장 사장님은 현재 이 회사에서 얼마만큼 본인의 능력을 발휘하고 있다고 생각하세요?

장 사장 능력 발휘요? 이제 막 감을 잡았는데… 음, 40% 정도인 것 같습니다.

코 치 어떻게 하면 나머지 60%를 채울 수 있을까요?

장 사장 참… 고민 되네요. 어떻게 하면 좀 더 제 능력을 발휘할 수 있을까? 아! 바로 그거네요. 자신감 회복! 제가 말이지요, 이 바닥에서 잔뼈가 굵어졌어요. 사장이라는 자리가요, 보통 배짱이 아니면 올라올 수 없는 자리예요. 뭐, 개인 사업 하는 사장들이야 자기 사업이니까 우리보다는 속 편하게 사업을 할지 몰라도 저희 같은 대기업 사장들은 여기까지 오려면 정말 피나는 노력을 해야 해요. 승진할 때마다 축하도 많이 받지만 시기심에 욕도 엄청 먹고…. 그래서 죽기 살기로 더 오기 부리며 살아왔지요. 제가 앞으로 이 회사에서 능력을 맘껏 발휘하려면 사내가 쪼잔하게 주눅들지 말고 자신감을 찾아서 새롭게 뚫어야 할 분야가 어딘지 고민을 좀 해봐야겠네요.

나는 장 사장이 용기를 낼 수 있도록 인정과 지지를 보낸 다음 다시 질문을 던졌다.

"무엇을 새롭게 시작해볼 수 있을까요?"

그는 몇 가지 아이디어를 냈고 그중 실행 가능한 것을 구체적으로 계획해보기로 했다. 한 달 뒤 장 사장을 다시 만났다.

"저의 확고하고 자신감에 찬 태도를 보고 오너의 마음이 달라졌나 봅니다. 더 이상 애매모호한 태도를 취하진 않네요. 사실 지난번 코칭을 받으면서 사장인 제가 약한 모습을 보이고 흔들리면 평생 후회할 것 같다는 생각이 들었습니다."

미래를 위해 CEO가 준비해야 할 세 가지 역량

장 사장은 코칭 이후 적극적인 자세로 임원들에게 메일도 보내고 직원들과 면담 시간도 많이 가졌다. 여러 가지 좋은 의견들을 수렴해 경영에 반영한 덕분인지 한 달 실적이 많이 올랐다고 기뻐했다. 자신감을 회복한 장 사장을 보며 CEO가 자신의 역량을 믿고 용기를 갖는 태도가 얼마나 중요한지 다시 한번 확인할 수 있었다.

장 사장과의 코칭을 통해 '미래 경영을 위해 CEO가 반드시 갖추고 있어야 할 세 가지 역량'을 생각해보았다. CEO는 최고집행임원을 의미한다. 이미 수많은 데이터베이스database에 CEO를 위한 경영 지식과 정보들이 넘쳐난다. 하지만 데이터베이스에서도 찾아볼 수 없는 정보들이 있다.

미래 경영 전략을 위해 CEO가 스스로 갖추어야 할 역량은 무엇인가? 코칭과 관련하여 크게 세 가지로 압축할 수 있다.

첫째는 '창조 능력Creation ability'이다. 창조 능력은 CEO가 기업의 목표달성과 문제해결을 위해 아무도 생각하지 못했던 새로운 가치와 성과를 만들어나가는 능력이다. 창조는 이전에 없던 것을 생각 속에서 새롭게 만들어내는 작업이기 때문에 컴퓨터도 도와주지 못하는 영역이다. 지식경영의 이론가로 잘 알려진 노나카 이쿠지로Nonaka Ikujiro는 "기업의 경쟁우위를 실현하는 데 단순히 제품 차원의 경쟁력만이 아니라 제품의 배후에 있는 기술이나 시장에 대한 지知의 기반인 조직 구성원의 지, 기술 그 자체의 개발능력, 지적 자산이라고 부를 수 있는 지적 경영자원 등을 체계적으로 전제할 수 있는 조직적인 창조 능력이 요구된다"[17]고 하였다. CEO의 창조 능력은 기업의 신제품 개발이나 신규사업 확장에 절대적으로 필요한 능력이다. 또한 무형의 자원을 유형의 자원으로 생산 가능하게 만들기 위해서는 창조 능력과 더불어 미래를 내다볼 수 있는 통찰력이 함께 요구된다. CEO가 통찰력 있는 안목으로 소비자 욕구의 흐름을 파악하고 그들을 위한 가치 창조를 지속적으로 해낼 수 있다면, 분명 경쟁에서 주도권을 잡고 고객을 위한 끊임없는 재생산이 가능할 것이다.

둘째는 '감정파악 능력Emotion understanding'이다. 감정파악 능력은 정서 이해하기와 비슷한 의미로 사용되기도 한다. "사람의 마음에 일어나는 여러 가지 감정을 '정서'라고 하는데, 한국인은 감정을 설명할 때 보통 칠정七情을 이야기 한다. 칠정은 사람의 일곱 가지 감정 즉,

기쁨喜·노여움怒·슬픔哀·즐거움樂·사랑愛·미움惡·욕심欲 또는 기쁨喜·노여움怒·근심憂·생각思·슬픔悲·놀람驚·두려움恐을 말한다.

CEO가 상대방의 감정을 알아차리지 못하고 제스처, 목소리 등 비언어적인 정서를 읽지 못한다면 성공적인 비즈니스를 행할 수 없다. 비즈니스는 상대방의 감정을 파악하고 주변 환경과의 관계를 이해할 때 성립되는 것이다. CEO에게는 상대방의 '진짜 감정'을 파악하는 능력이 요구되며 협상 과정에서 CEO가 '감정조절 능력'을 잃어버리면 협상은 곧 해체되고 만다. 또한 소비자들의 감정을 읽어내는 CEO의 능력이야말로 지속적인 우위를 창출해내는 경쟁전략이다. 기업의 생존을 보장하는 미래전략 기획은 다른 데 있지 않다. 바로 소비자들의 마음을 읽는 것에 있다. 스티브 잡스가 CEO로 복귀한 후 2년 동안 애플은 자본이 20억 달러에서 160억 달러로 급증했다. 이때 가장 중요하게 여겼던 마케팅 원칙은 다름 아닌 '고객이 무엇을 원하는가', 즉 '고객의 감정을 공감하고 이해하는 것에 집중하라'는 것이었다. 평소 잡스 본인도 감정에 매우 민감한 사람이었다고 한다.

사람의 마음을 읽는 데 탁월한 능력을 가진 한 여성 CEO가 생각난다. 그녀는 여러 기업에 생산품을 납품하는 중견기업 CEO다. 작년 한 해만 1700억의 흑자를 냈다고 한다. 그녀는 사업 관계로 만나는 모든 사람들과의 호칭을 금세 '오빠, 오라버니, 삼촌, 동생, 언니' 등 정감 있는 호칭으로 바꾼다. 자신은 배운 것도 별로 없고 가정환경도 불우했다고 하는데 다른 것은 몰라도 사람 마음을 읽어내는 데는 천부적인 능력을 타고난 것 같았다. 그녀는 친근한 호칭과 놀라운 친화력으로 여전히 전 세계를 누비며 사업 수완을 훌륭히 발휘하고 있다.

CEO로서 당신은 얼마나 상대방의, 또 고객의 감정에 민감한가? 함께 일하고 있는 직원들의 정서를 얼마나 이해하고 있는가? '감정파악 능력'은 비즈니스에서 간과하기 쉬운 부분이다. 하지만 경쟁자가 쉽게 복제할 수 없는 '지속적 경쟁우위'를 창출하기 위해서는 절대적이며 필수적인 조건임을 잊지 말아야 한다.

셋째는 '관찰력Observational skills'이다. 몇 해 전 통신 분야 쪽의 CEO 와 코칭할 때의 일이다. 매사에 불만인 모 임원을 잘라내고 싶은데 그의 안목이 워낙 탁월해서 도저히 잘라낼 수가 없다는 것이다.

"인사 조정을 할 때 그 임원부터 잘라내고 싶었는데, 그렇게 할 수가 없었어요. 우리 쪽의 동태를 기가 막히게 잘 살피거든요. 게다가 그 친구, 사람 보는 눈이 아주 예리합니다. 그래서 자르지를 못해요."

나는 "그 분이 관찰력이 대단하신 모양이군요"라고 대답하고 코칭을 진행했고 그 결과, 그 CEO는 임원을 자르지 않겠다는 결론을 내렸다. 그 임원이 사업에 대한 안목이 탁월하기 때문에 회사의 발전을 위해 남겨두기로 한 것이다. 결국 탁월한 관찰력이 그 임원을 살렸다.

관찰력은 '사물이나 현상을 주의하여 자세히 살펴보는 능력'을 말하는데, 코칭에서는 '관찰력 기르기'를 매우 중요한 기술로 다룬다. 대표적인 것이 '캘리브레이션calibration'이라는 '관찰식별' 기술이다. 관찰식별은 피코치의 상태를 93%의 비언어적인 신호를 통해서 정확하게 알아내는 것을 말한다. 즉 상대방의 내면 상태를 파악해내는 것이다. 이것은 상대방과 신뢰로 이루어진 관계인 라포rapport를 만들기 위해 피코치의 호흡 정도, 손동작, 음의 높낮이 등을 관찰하는 것이다. 상대방의 얼굴 표정이나 색깔, 안면 근육의 움직임, 눈동자의 움직임 등을 통해서 상태를 파악할 수 있다. 코칭에서는 사람의 내적 경험을 자세하게 파악해내는 행동 단서를 '빔어BMIR: Behavioral Manifestation of Internal Representation'라고 한다. 관찰력을 높이려면 빔어를 잘 관찰해서 상대방의 마음을 읽어낼 수 있도록 해야 한다. 예를 들어, 우리가 눈을 감고 기분 좋은 사람, 사랑하는 사람을 생각할 때와 싫은 사람, 내게 상처를 준 사람을 생각할 때는 얼굴 근육과 색깔, 입술 모양, 눈썹 움직임, 호흡소리, 자세 등 여러 가지가 다르게 나타난다. 때문에 상대방의 표정만 보고도 나를 좋아하는지 싫어하는지 어느 정도는 알 수 있다. 캘리브레이션은 상대방의 행동을 유추하기 위해 보고 듣고 느끼고 냄새 맡는 것에 민감하게 반응하며 살펴보는 것이다.

빔어BMIR를 더 자세히 살펴보면, 첫째, 보는 것seeing은 피부색상 변화, 안면근육의 긴장, 몸의 동작, 호흡 등을 관찰하는 것이다. 둘째, 듣는 것hearing은 상대방의 말의 템포가 빠른지 느린지, 볼륨이 큰지 작은지, 음성 톤이 높은지 낮은지를 관찰하는 것이다. 셋째, 느끼는 것feeling은 피부의 온도, 근육긴장, 압력, 피부의 건기와 촉촉한 윤기를 살펴보는 것이다. 긴장하면 콧등에 땀이 나거나 근육의 긴장이 느껴지는 것을 관찰할 수 있다. 넷째, 냄새 맡기smelling는 향수, 몸에서 나는 냄새 등을 통해 관찰한다.

지금까지 미래를 준비하는 CEO가 반드시 갖춰야 할 세 가지 역량을 살펴보았다. 이 책을 읽는 CEO라면 '창조 능력'을 가지고 고객의

'정서를 이해'하며 '뛰어난 관찰력'을 가진 CEO가 되기를 기대한다. 이 세 가지 역량이 CEO로서의 자신감을 북돋아줄 것이며 그 자신감은 반드시 조직과 조직원의 성장으로 이어질 것이다.

Self Coaching

"내가 이룬 일 가운데 가장 보람된 일은 무엇인가?"
"새로운 것을 만들어내는 나의 창조능력은 몇 점인가?"
"최상의 시나리오는 무엇인가, 또 최악의 시나리오는 무엇인가?"

조직의 네트워크를 강화하는 관계코칭

상대방의 입장에서 생각해보는가

경영자와 직원들의 입장이 다른 경우에 코칭에서는 경영자가 조직 구성원들의 입장에서 생각해볼 수 있도록 코칭리더십을 진행한다. 이때 경영자들이 직원들의 동기부여 향상을 위해 임파워링empowering 코칭을 실시한다. 주로 사용되는 코칭 스킬로는 상대방의 입장을 생각하는 '포지션 체인지'가 있다. 포지션 체인지를 할 때 경영자의 자리에서 내려와 부하직원의 자리에 앉게 하여 그들의 입장을 생각하도록 하면 대부분 새로운 시각을 가지게 된다. 부하직원의 입장에서 상사를 바라보게 하는 것이다. 상대방의 입장에서 생각해보면 자신이 놓친 부분이 보이고 상대방의 존재를 있는 그대로 인정해줄 수밖에 없다. 코칭에서 인정의 기술은 약점이 아닌 강점에 초점을 맞추어 상대방을 지지하고, 그들이 무엇을 진정으로 원하는지 리얼 원트real want를 찾아내어 궁극적으로 자존감을 높여준다.

무엇이 조직의 관계를 깨뜨리는가?

코칭에서 조직 구성원들에게 인정의 기술을 통해 동기부여를 주면 조직의 네트워크는 강화된다. 코칭 프로세스를 진행하는 데 가장 중요한 점은 코칭 받는 피코치의 니즈를 정확히 파악하여 그가 달성하고자 하는 목표를 분명히 하는 것에 있다. 그런데 이 목표에 도달할 수 없도록 방해하는 가장 큰 장애물이 바로 조직 내에서의 갈등 관계다. 관계를 망치는 갈등의 가장 큰 요인은 무엇인가?

첫째가 신뢰의 부족이다. 신뢰가 부족하면 공격적인 커뮤니케이션을 하게 된다. 이것은 적대감의 징표이며 인신공격과 욕설, 악담 등을 수반한다. 언어적 공격은 문제의 본질을 벗어나 감정적으로 치닫게 되어 결국 상대방의 약점과 정체성을 비난하고 서로를 파괴시킨다.

둘째는 존중하지 않는 태도다. 서로에 대한 존중은 관계 형성에 대단히 중요한데 상대방을 무시하면 비판적이 되고 인지 왜곡을 가져온다. 상대방의 말을 전혀 듣지 않으려 하고 편협한 생각과 오해를 하게 되는 것이다.

셋째는 짜증을 유발하는 말투다. 코칭에서는 상대방의 목소리나 억양, 어조가 의사소통에 매우 중요하다고 본다. 큰 목소리와 투덜대는 말투는 상대방의 기분을 상하게 하여 결국 갈등관계를 유발하는 요인이 된다.

이러한 조직 내 갈등에 대해 젠Karen A. Jehn은 갈등의 개념을 정교화하여 관계갈등과 과업갈등으로 구분하였고, 관계갈등을 과업과 무관하게 개인의 성격, 태도, 선호도 등의 차이에서 발생하는 정서적 갈등으로 보았으며 과업갈등을 과업 내용에 대한 구성원간의 의견 차이에서 발생하는 인지적 갈등으로 보았다.[18]

갈등관계의 순기능을 활용하려면?

코칭에서 조직의 성과를 올리기 위해 갈등관계의 순기능을 활용하려면 어떻게 해야 할까? '경청'해야 한다. 코칭에서 경청은 의식적 경청, 맥락적 경청, 적극적 경청, 수용적 경청, 공감적 경청, 의도적 경청 등 다양한 경청 기술이 있다. 이것은 한마디로 상대방의 이야기를 들을 때 자신의 모든 가치와 판단, 선입견을 배제한 '에고리스'한 자세로 잘 듣는 것을 말한다.

상대방의 이야기를 단순 듣기hearing 자세가 아닌 주의를 기울여 잘 듣는 경청listen을 하게 되면 언어 전달 과정에서 일어나는 삽입, 왜곡, 생략, 일반화라는 모든 문제의 소지를 줄일 수 있다. 상대방의 말을 잘 들어주는 경청은 신뢰로 이루어진 라포rapport 형성에 도움을 준다.

코칭에서 피코치의 말을 단순듣기가 아닌, 잘 경청하여 그가 사용하는 말 가운데 핵심적인 말을 찾아내어 그대로 되풀이해주는 기법을 '백트랙킹Backtracking'이라고 한다. 이 기법은 상대방의 말을 그대로 반영하기 때문에 오해를 줄이는 효과가 탁월하다. 백트랙킹에는 단순하게 피코치의 감정과 말을 있는 그대로 따라하는 순차 백트랙킹과 전체 이야기를 듣고 간결하게 요약하는 요약 백트랙킹이 있다. 이때 제스처와 음색까지도 맞춰 맞장구치면 대단히 효과적인 라포를 기대할 수 있다.

예컨대, 조직에서 역량강화, 성과 향상, 중장기 전략의 성공, 동기부여 강화 등 수많은 안건들은 서로를 신뢰하고 인정하는 분위기 속에서 성취될 수 있다. 그것을 위해 코칭에서 가장 중요한 '경청'의 기술을 잘 활용한다면 관계의 성공을 가져올 뿐만 아니라 개인과 조직의 행복지수를 높여줄 것이다.

4장

진짜 중요한 것을 아는 CEO

비즈니스에서 당신이 경영하는 것은 사람이다.

_헤럴드 제닌

— "당신이 정말로 원하는 것은 무엇입니까?"

상대방 내면에 들어있는 진정한 욕구를 묻는 이 질문은 코칭에서 가장 강력한 질문 중 하나다. 만약 고객의 입장에서 이 질문의 답을 찾아본다면 새로운 상품 개발이나 서비스 품질 향상에 크게 도움이 될 것이다. 여기서 중요한 포인트는 나의 욕구를 반영하는 1인칭 관점이 아니라 상대방이 원하는 것을 파악하는 2인칭 관점에서 상대를 바라봐야 하는 것이다.

"상대방이 무엇을 원하는가?"

국내외 기업 중 고객이 원하는 것을 파악하고 이를 바탕으로 새로운 매출 전략을 세우는 것에 대해 코칭 받는 곳도 많다. 소비자를 이해하지 않고 소비 트랜드를 만들어낼 수는 없기 때문이다. 아무리 상품 개발에 많은 투자를 했다 하더라도 고객과 구매에 대한 통찰력 없이 출시된 상품은 관심을 끌 수 없다.

상품을 구매하는 고객은 저마다 그 상품을 만든 회사에 대한 기대를 가지고 있다. 예를 들어 자동차를 구매할 때 대부분의 고객은 자동차 성능과 품질을 가장 우선시한다. 아무리 자동차가 값싸고 디자인이 그럴듯하더라도 품질이 떨어지면 그 자동차는 오래가지 못한다. 과거 모 자동차 기업은 값싼 자동차를 빠르게 만들어 해외에 수출했지만, 낮은 품질과 잦은 결함으로 국내에서만 사용된다는 지적을 받기도 했다. 그러나 그 회사의 CEO가 차량 품질 개선을 전면에 내걸면서 많은 것이 달라졌다. 고객이 자신의 회사에 가장 원하는 것이 바로 '품질'이라는 것을 정확하게 읽어낸 것이다. 그는 이것을 최우선 경영원칙으로 만들어 그 당시 어려웠던 회사를 글로벌 기업으로 성장시켰다.

고객이 무엇을 원하는지, 그 목소리에 귀를 기울이는 것은 어려운 회사의 상황을 반전시키기도 한다. 맥도날드의 CEO였던 스키너_{James A Skinner}는 맥도날드가 현대인의 건강을 해치는 식품으로 고객들에게 비판을 받자 고객이 원하는 것에 초점을 맞추었다. 그는 맥도날드 고객이 진정으로 원하는 것은 바로 건강한 식품이라는 것을 알고 건강식 신메뉴를 출시했다. 그가 내놓은 '건강에 좋은'[19] 메뉴들은 고객들의 마음을 움직여 경기침체를 극복해낼 수 있었다. 그러나 여기서 중요한 것이 한 가지 있다. 새로운 전략이 일정 기간 고객의 마음을 확보하고 매출을 올리는 데 도움이 될 수 있지만, 지속적으로 고객의 소리에 귀를 기울이지 않으면 아무리 좋은 전략적 대안도 오래가지 못한다는 것이다. 분초마다 새로운 웰빙 트렌드가 확산되고 다양한 신메뉴가 쏟아지고 있기 때문에 고객의 마음을 지속적으로 사로잡는다는 것은 쉬운 일이 아니다.

CEO와 직원들은 어떻게 해야 고객이 원하는 것을 읽어낼 수 있을까? 고객이 원하는 것을 읽어내는 힘은 조직 안에서부터 길러져야 한다. 같은 조직 구성원의 마음도 읽을 수 없다면 어떻게 고객의 마음을 읽을 수 있겠는가? 조직 내부에 균열이 있으면 절대로 고객의 마음을 읽어낼 수 없다. 평소 조직 구성원들끼리 친밀한 라포 관계가 잘 형성되어 있다면 서로가 원하는 것을 잘 읽어낼 수 있다. 이러한 분위기는 조직의 원활한 소통과 긍정적인 역동성을 반영하는 것이다. 조직 안의 소통과 역동성은 고객과의 원활한 소통과 긍정적인 역동성으로 이어진다. 때문에 고객과 동행하기 원한다면 CEO와 직원의 동행, 조직 내부의 동행이 선행되어야 한다.

내가 속한 조직 구성원 내면의 진짜 욕구를 얼마나 알고 있는지 다음의 질문에 답을 해보자.

"우리 회사 직원이 진정으로 원하는 것은 무엇인가?"

"우리 회사 CEO가 진정으로 원하는 것은 무엇인가?"

"우리 회사 고객이 진정으로 원하는 것은 무엇인가?"

"사람들이 돈만 보고 중요한 가치는 생각 안 해요"

가치를 공유하고 실현하는 CEO

> 가치가 분명하면 결정내리기가 훨씬 쉬워진다.
> _로이 에드워드 디즈니

"아무것도 할 수 없는 상황이 닥쳤을 때, 포기하지 않고 극복할 수 있게 하는 근원적인 힘은 무엇인가?"

"회사가 위험에 빠졌을 때 회사를 일으키는 절대동력은 무엇인가?"

그것은 바로 '가치관'이다. 회사의 가치관이 튼튼하면 지속가능한 경영의 꿈을 이룰 수 있다. 가치관은 기업이 나아갈 방향을 결정짓는 대단히 중요한 요소다. 기업마다 "무엇에 중점을 둘 것인가?"를 나타내는 핵심가치가 있다. 코칭을 하기 위해 기업을 방문하면 예외 없이 미션, 비전, 핵심가치가 사훈이라는 이름으로 벽에 걸려 있다. 그런데 이 사훈이 조직 공동체에서 공감을 이끌어내지 못하거나 조직원의 관심 밖에 있음을 종종 목격한다. 심지어 임원임에도 불구하고 자신의 회사 핵심가치가 무엇인지 전혀 모르는 경우도 있다. 핵심가치는 기업의 심장과도 같다.

"무엇에 중점을 둘 것인가?"

회사마다 고객만족, 최고의 품질서비스, 정직, 인재육성, 성실, 창조경영 등 다양한 핵심가치를 정해놓고 직원들이 공동의 목표를 향해 나아가도록 이끈다. 가치관 경영은 임직원들이 같은 가치관을 갖도록 유도하고 그 가치관을 활용하여 기업을 이끌어가는 경영방식이다. 핵심가치가 분명하면 CEO가 모든 사항을 일일이 지시하지 않아도 직원들이 알아서 결정을 내리고 일을 추진하기 때문에 그 시간에 CEO는 다른 생산적인 일을 할 수 있다.[20]

미국 유통업체 코스트코COSTCO의 창업자 짐 시네갈Jim Sinegal 회장은 밑바닥에서부터 온갖 궂은일을 하며 사회생활을 시작했다고 알려져 있다. 그는 29년간 코스트코의 CEO로 있으면서 무엇보다 회사의 가치관을 중요하게 여겼다. 짐 시네갈은 1983년에 분명한 경영 가치관을 바탕으로 창업을 시작했다. 그는 "돈은 매장에서 버는 것이고, 경영진은 매장의 직원과 고객을 왕처럼 대접해야 하며, CEO의 열정만큼 직원들이 현장에서 열정적으로 일해줘야 한다. 그러려면 CEO의 1순위 과제는 직원들에게 회사 정신과 가치관을 가르치고 훈련시켜 이를 공유하는 '코치'가 되는 일이다."[21]라고 주장하였다. 나는 짐 시네갈 회장이 기업 가치관을 중시하고 CEO의 '코치로서의 역할'을 강조한 것을 보며 그의 리더십이 대단히 '파워풀' 하다고 생각했다.

CEO의 주된 생각이 고스란히 반영된 것이 기업의 핵심가치다. 가치를 중요하게 생각하는 조직의 대표들을 만나면 코칭할 때 더 깊이 있는 코칭프로세스를 전개해나갈 수 있어서 좋다. 핵심가치는 기업뿐만 아니라 모든 조직과 개인에게도 반드시 필요하다.

기업의 CEO는 아니지만 고위 공무원으로서 나라의 큰 조직을 이끄는 사람 가운데 가치를 매우 중요하게 생각하는 한 분과 코칭을 했을 때의 이야기를 하고자 한다.

"평생을 옳은 가치와 싸워왔어요"

K 지사는 코칭으로 만난 고객 가운데 자기신념이 대단히 확고한 사람이었다. 나는 정치권에는 관심도 없고 그쪽 일은 관여한 바가 없다. 그래서 정치분야 코칭 고객들은 리더십 역량과 관련된 코칭을 주로 하는 편이다. 정치인들에게 코칭리더십은 매우 중요하고 필요하다. 정치인들이 소통의 문제로 국민들의 마음을 움직이지 못한다면 아무리 화려한 경력을 가지고 있어도 무용지물이 되기 때문이다. 코칭리더십에서 제일 중요한 기술이 '경청'과 '질문'인데, 정치인들과 코칭하며 가장 절실하게 느끼는 것 중에 하나가 그들에게 '경청'이 필요하다는 것이다. 내 얘기만 일방적으로 던지고 설득하는 것에만 관심을 갖는다면 상대방도 내 이야기에 절대 귀를 기울이지 않는다. 서로에게 경청하는 태도가 필요하다. 다행히 K 지사는 소외된 이들의 의견을 귀 기울여 듣는 자세를 가지려고 노력했다.

듣는 것도 단순 듣기식 '히어링hearing'에서부터 주의를 집중해서 듣는 '경청listen'까지 종류가 다양하다. 경청에도 상대방의 입장을 충분히 이해하면서 듣는 '공감적 경청', 긍정적인 자세로 듣는 '적극적 경청', 전체 맥락을 파악하며 듣는 '맥락적 경청'이 있다. 판단을 배제하고 듣는 '의식적 경청', 입장이 다르더라도 상대방의 말을 수용하며 듣는 '수용적 경청' 등도 경청의 한 종류다. 이 모든 경청은 명칭이 다르지만 결국 상대방에 대한 '존중'을 강조했음을 알 수 있다. 존중하는 태도로 상대방의 이야기를 듣다 보면 그 사람이 중요하게 여기는 신념과 가치를 발견할 수 있다.

K 지사와 코칭을 시작하면서 우선적으로 중시한 것은 정치인에 대한 판단과 선입견을 내려놓는 것이었다. 코치가 에고리스한 상태에서 코칭을 하지 않으면 코치 스스로의 판단에 따라 코칭을 이끌어가기 때문에 자칫 한쪽으로 치우친 결과를 가져올 수 있다. K 지사는 코칭할 때마다 "보다 중요한 것, 가치 있는 일에 인생을 걸고 싶다"고 했다. 어느 날 그 일이 구체적으로 무엇을 뜻하는지 물었다.

"저는 평생을 옳은 가치와 싸워왔어요. 지금까지 오해도 많이 받았지만 불의와 절대 타협을 안 했지요. 지금 맡겨진 도민들과의 약속을 잘 이행한 후 언젠가 통일이 되면 북한의 굶주리는 사람들, 그들의 인권을 위해 평생을 몸 바치고 싶습니다."

그의 말에는 굳은 의지도 담겨 있었고 진심도 느껴졌다.

"요즘 사람들은 모두 돈을 향해 달려가고 있어요. 더 중요한 건 진정한 가치인데 사람들은 정말 중요한 가치에는 관심이 없어요. 옆에서 아무리 힘들다고 떠들어도 관심이 없으니, 없는 사람들만 불쌍하지요. 어려운 사람들을 말로만이 아니라 진짜 행동으로 도와줄 수 있는 사람, 옳은 가치를 직접 보여줄 수 있는 사람들이 이 시대에 많이 나와야 한다고 생각합니다."

앞으로 K 지사의 인생이 어떤 방향으로 나가게 될지 장담할 순 없다. 하지만 분명히 자신이 가장 중요하게 여기는 가치를 따라 그의 인생을 그려갈 것이라는 생각이 들었다.

내가 지향하는 가치를 조직원들과 공유하고 있는가

몇 회의 코칭을 진행하고 나서 K 지사가 내게 물었다.

"나는 좋은 의도를 가지고 가치 있는 일을 해보려고 한 것 뿐인데 왜 자꾸 저항이 오고 오해가 생길까요? 나는 그런 의도가 전혀 아니었는데 상대편에서 나를 오해해서 종종 곤란한 상황이 생깁니다."

조직에서의 저항은 대개 리더가 융통성과 유연성을 발휘하지 못할 때 생겨난다. 하지만 때로는 의도나 진의眞意가 제대로 전달되지 못해 저항이 생기기도 한다. 어떤 경우든 옳은 가치를 실현하기 위해 용기를 내었음에도 의도가 왜곡되어 전달되거나 오해가 생긴다면 그것처럼 억울한 일이 없을 것이다. 나는 고민하는 K 지사에게 코칭의 '메타모델meta model'이라는 것을 소개했다.

'메타모델'이란, 사람들이 언어를 사용할 때 상대방의 이야기를 있는 그대로 받아들이지 않는다는 것을 설명한 것이다. 각자의 인식 수

준에 따라 상대방의 이야기를 부분적으로 '삭제'하거나 '왜곡'하여 오해하기도 하고, '일반화'시켜버리기도 한다. 사람들은 이 세 가지 틀을 통해 정보나 사태를 사실과 다르게 인식하고 그것에 대한 내적 경험과 자기만의 이미지를 만들어버린다. 다시 말하면, 메타모델은 사람이 언어를 사용할 때 어떤 사실이나 정보를 삭제, 왜곡, 일반화하여 자신의 경험을 결정짓는 데 사용하는 '언어적 도구'를 말한다.

우리가 사용하는 대부분의 언어가 메타모델이라고 해도 과언이 아니다. 왜냐하면 아무리 사실만을 얘기한다고 자신해도 전체 맥락 속에는 분명히 본인만의 생각이 들어가 있고 상대방이 말한 것을 똑같이 말한다는 것은 거의 불가능하기 때문이다. 코칭 강의를 할 때 메타모델을 가지고 실험할 때가 있다. 동일한 인물 사진이나 그림을 3초간 보여주고 똑같이 그려보게 하면 모두 자신이 인식한 정보대로 그림을 그린다. 실제 그림과 똑같이 그려낸 사람은 지금까지 단 한 명도 보지 못했다. 대다수가 무언가 빠져있거나 없던 것을 첨가해 새로운 그림을 그리게 된다. 실험에 참가한 사람들도 자신의 그림을 실제 그림과 비교하며 겸연쩍어 한다. 그림뿐만 아니라 말과 글도 마찬가지다. 동일한 내용을 가지고 요약하라고 하거나 설명하라고 하면 대부분 자기들이 이해한 인식의 틀 안에서 요약하거나 설명한다.

코칭에서는 이와 같이 사람들이 사용하는 언어가 말한 이의 실제 내용과 달리 왜곡, 삭제, 일반화 되는 것에 대해 분명히 인식하도록 만드는 기술이 있다. '메타모델 위반'과 '메타모델 도전'이라는 스킬이다. 이를 통해 말하는 사람의 잘못된 인식정보를 바로 잡는 훈련을 한다. "메타모델 위반meta model violation은 인간이란 자신이 보고 싶은 것, 듣고 싶은 것, 느끼고 싶은 것만 보고 듣고 느끼기 때문에 글을 쓰거나 말을 할 때 삭제·왜곡·일반화를 통해 내적 경험을 정확하게 표현하지 못하는 상태를 말한다. 메타모델 도전·반응·분석은 그러한 위반을 지적하고 정확한 정보를 얻기 위해 적절한 질문을 하는 것을 말한다."[22] 예를 들어 "사장님! 우리 회사가 지금 위험하다고 모두들 말합니다"라는 말을 듣는다면 메타모델 도전 질문은 "모두라는 건 누구를 말합니까?"라며 정확한 근거를 대게 만든다. 또한 "내 마음이 너무 두렵습니다"라고 한다면 "무엇이 당신을 두렵게 만듭니까?"라고 되물어 구체적이고 정확한 내용을 확인하는 기술이다.

메타모델을 제대로 이해하게 되면 나의 의도와는 달리 상대방에게 잘못 오해를 받을 수 있는 상황이 많이 있다는 것을 깨닫게 된다.

회사를 경영하는 CEO들은 전달 과정에서 삭제·왜곡·일반화가 일어나는 것을 많이 경험하게 된다. 그럴 때 구체적인 질문을 던지면 사실 정보를 확인하는 데 도움이 된다. 그런데 메타모델 도전 질문에서 주의해야 할 것이 있다. 이 기술은 상대방을 신뢰하는 관계, 즉 라포가 잘 형성되어 있을 때 사용하는 것이 좋다. 친밀함이 없이 사실 정보만 얻기 위해 도전 질문을 던지다 보면 자칫 비난하거나 추궁하는 것처럼 비춰져 상대방에게 상처를 줄 수 있기 때문이다.

이렇듯 많은 경우 의사소통에서 오해와 왜곡이 생기기 때문에 상대방의 가치를 발견하는 것도, 나의 가치를 상대방에게 이해시키는 것도 쉬운 일이 아니다. 하지만 CEO가 위기 상황에 직면해서도 가치경영을 놓지 않는다면 그것이 성장동력이 되고, 그로 인해 재기의 발판이 마련될 수 있을 만큼 강력한 힘을 발휘한다. 앞서 말했듯이 대부분의 의사소통에서는 삭제, 왜곡, 일반화가 생기기 때문에 조직의 가치관이 모든 조직원의 마음에 동일한 강도와 깊이로 스며드는 것은 어렵다. 때로는 아주 훌륭한 가치를 가지고 나아감에도 불구하고 현실의 문제나 여러 가지 저항에 부딪히는 경우가 발생할 수 있다. 하지만 그 모든 어려움 역시 올바른 가치에 대한 확고한 의지로 극복해나갈 수 있을 것이다.

Self Coaching

"나는 지금 어떤 가치를 지향하고 있는가?"

"이 가치관은 내가 속한 조직과 사회에 어떤 파급효과를 가져올 것인가?"

"조직의 구성원들은 이 가치를 얼마만큼 공감하고 지지하는가?"

"내 머릿속은 조직을 살리는 샘물인가?"

날마다 자신의 생각을 점검하는 CEO

지혜는 듣는 데서 오고 후회는 말하는 데서 온다.

_영국속담

"우리나라 CEO들은 무슨 생각을 하나요?"

자주 듣는 질문이지만 답하기는 쉽지 않다. CEO마다 개성이 다르며 사람의 생각은 하루에도 열두 번씩 바뀌기 마련인데 어떻게 일반화할 수 있겠는가? 다만 코치로서 CEO코칭을 하며 느끼는 것은, CEO는 날마다 머릿속으로 수많은 '선택'과 전쟁을 치른다는 것이다. 오늘 무엇을 선택하느냐에 따라 회사의 미래가 결정되기 때문에, 날마다 경영 지략을 내놓지 않으면 내일의 성공 신화를 장담할 수 없다. 성공에 취해 있을지라도 한순간의 잘못된 선택으로 인해 언제 위험한 독사가 쏘는 독에 맞을지 모를 일이다.

"그때 제가 어리석은 선택만 안했어도…"

몇 해 전 안식년을 맞아 영국에 갔을 때 지인의 소개로 민 사장 부부를 만났다. 부부코칭을 받겠다며 찾아왔는데, 이들 부부는 IMF 시절 회사가 부도처리된 아픈 기억을 가지고 있었다. 광화문에 그 회사 빌딩이 서있었던 것을 기억하고 있었지만, IMF 때 문을 닫게 된 줄은 몰랐다. 광고도 많이 했고 소위 잘나가는 회사로 알고 있었는데 영국에서 뜻밖에 민 사장 부부를 만나게 된 것이다. 그는 IMF 때 회사가 어떻게 망했는지, 어이없이 부도가 난 이후에 본인의 삶이 어떻게 달라졌는지를 담담하게 들려주었다.

"회사가 잘나갈 땐 정말 간까지 빼줄 것처럼 충성하던 그 많던 부하직원들이 지금은 어디에 있는지 행방조차 모릅니다."

민 사장은 회사가 망하고 나서야 경영에 대한 자신의 사고방식에 문제가 있었다는 것을 깨달았다고 했다. 그는 채권단과 복잡하게 얽혀 있는 문제들도, 사람들을 만나는 것도 싫어서 재산을 모두 처분하고 영국에 와서 힘들게 살고 있었다. 하지만 마음 한 구석에는 늘 커다란 짐 덩어리가 놓여 있다고 했다.

"경영 실패자라는 자책감도 크지만 CEO로서 부도까지 낸 제 자신의 무능력에 화가 나서 자다가도 벌떡 일어나는 일이 이제는 만성이 돼버렸어요."

민 사장 부인은 옆에서 계속 눈물을 훔치다가 퉁퉁 부은 눈으로 한마디 거들었다.

"당신이 잘못한 게 뭐가 있나요? 당신은 사장으로서 최선을 다한 죄

밖에 없어요. 회사 직원들도 언젠가 우리의 입장을 이해해줄 거예요. 다 떠나버린 사람들인데 속상할 필요 없어요."

입술을 굳게 다물고 애써 감정을 억누르던 민 사장도 눈물을 흘렸다. 나는 그들 부부의 감정이 가라앉을 때까지 기다렸다가 민 사장에게 질문을 던졌다.

"사장님, 그 당시 일어난 모든 상황에 대해 지금은 어떻게 생각하시나요?"

"그때 내가 어리석은 선택만 안 했어도 우리 회사는 지금까지 건재했을 겁니다. 사장으로서 잘못된 선택을 해서 일이 이렇게까지 됐네요. 우리 회사 주식상태나 자본금이 튼튼하다고 철석같이 믿고 투자 결정을 미루던 게 있었는데 그때 다른 경쟁사가 좋은 기회를 가로채 갔어요. 그 회사는 지금도 잘나가고 있고요. 아무튼 엎친데 덮친격으로 IMF가 터지고 순식간에 부도 위기가 닥치더라고요. 급하면 해외자금도 끌어다가 막고 어떻게든 손을 써볼 수도 있었는데 제가 너무 자만했어요. 안일하게 대처했지요. 회사는 진짜 종잇조각 같아요. 아무리 튼튼한 회사라고 자부해도 바람 한번 불면 끝나버리는 게 회사고 조직인 것 같아요."

나는 민 사장에게 "다시 시작할 수 있다면 무엇을 바꾸겠는가?"를 질문했다. 그는 기다렸다는 듯이 바로 대답했다.

"생각을 바꿔야지요. 회사의 목숨은 책임자가 어떤 생각을 하느냐, 어떤 선택을 하느냐에 달렸으니까요."

그의 대답을 들으며 CEO의 생각과 선택에 따라 파급효과가 얼마나 다른 양상으로 나타날 수 있는지 다시 한 번 생각하게 되었다. 민 사장 부부는 그동안 자신들을 무겁게 짓누르던 억울한 감정을 다 쏟아내고, 앞으로 할 수 있는 일과 실행 계획을 코칭 받았다. 그들은 오랜만에 희망을 찾았다며 웃는 모습으로 기쁘게 돌아갔다.

오직 회사를 향한 뜨거운 열정

CEO는 날마다 선택에 대한 결정을 한다. '수많은 사업 아이템 중 무엇에 주력할 것인가?', '해외 사업에는 무엇을 투자할 것인가?', '누구와 함께할 것인가?' 이처럼 CEO는 날마다 지략을 베풀고 경영을 의논해야 한다. 하지만 '무엇이 빠졌는지', '무엇을 해야 하는지', '실행력을 높일 수 있는 대안이 무엇인지' 머릿속에 창조적 아이디어가 없으면 결국 도태되고 만다.

CEO의 생각은 기업에 고스란히 반영된다. 코치로서 대기업과 중소기업의 수많은 CEO와 임원을 만나면 그들의 생각이 그 기업의 이미지와 많이 닮아 있다는 것을 발견하게 된다. 때로는 주먹구구식 경영에도 불구하고 높은 성과를 내는 곳을 보기도 하고, 누가 봐도 손색없는 튼튼한 경영시스템을 구축하고도 적자에 허덕이는 회사를 보기도 한다.

대체 이유가 무엇일까? 과연 무슨 차이일까?

시간을 두고 지켜보면 성공의 이유를 알 수 있는 단서들이 여기저기서 나오기 시작한다. 숱한 역경을 이겨낸 내공들도 대단하고 각자

정상에 오르기까지의 성공 노하우를 가지고 있다. 유명 서적이나 전문가들로부터 특별한 경영 방법을 전수받은 것이 아니라, 치열한 삶의 현장에 온몸으로 뛰어들어 나름대로 경영 비법을 터득한 것이다. 그들의 경영 비법을 한마디로 압축하면 '오직 회사를 향한 뜨거운 열정'이라고 말하고 싶다. 경영은 잘 갖춰진 시스템만으로 이루어지는 것이 아니다. 모든 조건 위에 'CEO의 머릿속, 가슴 속' 이라는 변수를 포함해야 한다.

내 머릿속은 조직을 살리는 샘물인가? 악취가 나는 썩은 물인가?

1년 전 대기업인 M그룹을 코칭하며 한 임원을 만났다. 그는 지금까지 기업코칭을 하면서 만난 임원 중 회사에 대한 열정이 가장 큰 임원이었다. M그룹은 빠른 속도로 글로벌 경영에 성공한 회사다. 그는 젊은 시절 M그룹에 입사해 회사만을 위해 열정적으로 살았고 임원이 된 후에도 혁혁한 공을 세워왔다. 전체 직원들에게 경영지침서를 제공하기도 하고 위기 때마다 획기적인 전략으로 조직의 침체된 분위기를 역전시켰다. 그렇다고 자신의 공을 자랑하거나 드러내지도 않았다. M그룹이 현재까지도 건재할 수 있는 핵심이유 중 하나로 이와 같이 열정적인 임원들의 공로를 빼놓을 수 없을 것이다.

M그룹 임원과의 3회차 코칭에서 역량강화를 위한 브레인 코칭을 실시했다. 현재 관심 있는 영역들을 뇌 구조 그림으로 그려보도록 했다. 리더로서 머릿속에 어떤 생각을 담고 있는지 스스로 점검해보도

록 하기 위함이었다. 그랬더니 재미있는 결과가 나왔다. 그의 두뇌 속에 가장 많은 부분을 차지하고 있는 생각은 '회사의 성과 극대화 및 직원들 인재육성, 본부 내 과제, 관리·감독 기능의 강화 방법(48%)'이었다. 두 번째는 '회사 발전을 위해 혁신 업무를 위한 위험·기회요소 발굴(20%)'이었다. 세 번째는 '회사 성장을 위한 제반 관계형성(10%)', 네 번째는 '회사 경영에 도움이 될 만한 경영공부·어학·독서(10%)', 다섯 번째는 '회사원들과의 소통(7%)', 마지막이 '회사를 위한 서비스(5%)'였다. 온통 회사 생각밖에 없는 뇌 구조였다.

"본인의 뇌 구조 그림을 보고 느낀 점이 무엇인가요?"

"회사 외엔 다른 생각은 하지 않고 있는 제 자신을 발견하게 됐네요. 회사만을 위한 이런 제 모습이 그리 나쁘지 않다고 생각합니다."

"네, 좋습니다. 그런데 뇌 구조에 혹시 빠뜨린 것이 있다면 무엇이 있을까요?"

그는 한참을 고민하더니 겸연쩍게 웃으며 대답했다.

"아! 그러네요. 빠뜨린 것이 있네요. 가족이 빠졌어요."

"혹시 가족들이 섭섭하게 생각하지는 않나요?"

"집사람은 저한테 이미 오랜 시간 훈련이 되어서 괜찮습니다. 하하."

나는 추후에 일과 삶의 균형을 위한 밸런스 코칭balance coaching을 진행하긴 했지만, 그 임원의 애사심에 놀라움을 감추지 못했다. 그가 그린 뇌 구조 그림이 오랫동안 머릿속에서 잊혀지지 않았다. 그 임원의 뼛속 깊이 M그룹 오너가 주창하는 '회사를 향한 충성 DNA'가 박혀있는 듯했다. 대다수의 회사에서 이토록 충성도가 높고 열정적인 임원을 찾고 있을 것이다. 오직 회사만을 위해 인생을 걸고 달려온 사람들이 있었기에 M그룹이 오늘날 세계 경영 전쟁터에서 살아남아 그 분야의 산업 경제를 주도해가고 있다고 생각한다.

조직의 운명은 책임자의 머릿속에 들어있는 생각들이 어떻게 조직 구성원들에게 인식되고 얼마만큼 책임감 있게 받아들여졌는가에 따라 결정된다. 조직 구조는 회사의 성격에 따라 각양각색이지만, CEO는 자기 조직의 특성을 꿰뚫고 있어야 한다. 또한 새로운 변화를 누구보다 빨리 감지하고 통찰력 있는 선택과 결단을 해야 한다. 회사가 아무리 어려워도 CEO가 할 수 있다고 생각하면 위기를 타파할 수 있는 돌파구는 언제나 준비되어 있다.

CEO는 때때로 구조조정을 통해 뼈를 깎는 아픔을 감수할 때도 있고 변화를 위해 측정 불가능한 미래를 담보해야 할 때도 있다. 새로운 시장을 개척하기 위해 변화를 시도해야 할 때도 있을 것이다. 변화에는 저항세력이 따르기 마련인데, CEO들마다 이런 저항세력을 굉장히 곤혹스러워 한다. 실제로 그러한 상황에 놓여 스트레스와 압박감을 받고 코칭 주제로 내놓는 CEO들이 의외로 많다. 나는 코치로서 CEO들에게 먼저 그들의 목소리에 정성껏 귀를 기울여 보라고 하지만, 근본적인 가치관 차이에서 나타나는 저항이라면 CEO들이 과감한 결정을 내리는 데 반대하지는 않는다. GE의 잭 웰치는 "저항세력은 변화를 지지하는 사람들의 사기를 떨어뜨린다. 비전을 공유할 수 없는 회사에 남게 하는 것은 그들에게도 도움이 되지 않으며 설사 그들의 실적이 만족스럽다 하더라도 색출하여 제거하라"[23]고 하였다. 그러나

CEO의 융통성과 유연성이 부족해서 생긴 저항이라면, CEO 스스로가 변화되어야만 한다. CEO에게 변화가 일어나지 않으면 조직은 변질된다. CEO의 생각이 깨어있지 못하면 마치 물고기가 썩을 때 머리부터 썩는 것처럼 회사도 쉽게 무너지고 만다. CEO의 머릿속은 회사를 지탱하는 샘물의 원천이다.

Self Coaching

"지금 다시 시작할 수 있다면 무엇을 바꾸겠는가?"

"생각의 변화를 위해 어떠한 노력을 하고 있는가?"

"어떤 생각을 주로 하는가?"

"아프고 나서야 정말
중요한 것들이 보였어요"

내면을 들여다볼 줄 아는 CEO

인생은 거울과 같으니 비친 것들을 밖에서 들여다보기보다
먼저 자신의 내면을 살펴야 한다.
_월리 페이머스 아모스

"경제협력개발기구OECD 34개 회원국 중에서 여성이 출세하기 가장
어려운 국가로 꼽힌 곳은?"

답은 바로 "대한민국"이다. 이러한 결과를 반영하듯 여성이 조직의
CEO가 되면 책임과 관심이 몇 배로 커진다. 대체로 여성 CEO에 대
한 사람들의 기대는 더 크고 평가 또한 더욱 냉정하다. 하지만 아직도
여성 CEO가 먼 나라 이야기거나 여성이 임원이 되는 것이 하늘의 별
따기처럼 어려운 기업이 많다. 오랜 시간 남성들의 전유물로 여겨졌
던 CEO라는 자리에 여성이 등장했다는 이유로 불편한 심기를 노골
적으로 드러내는 사람도 종종 볼 수 있다. 조직 안에서 막강한 권력을
누려온 남성 임원들이 여전히 자신의 실세를 과시하며 새로운 여성
CEO를 인정하지 않으려는 분위기는, 여성 리더가 마음껏 역량을 펼

치는 데 방해요인이 된다. 그럼에도 꿋꿋하게 좋은 실적으로 조직을 잘 이끌어나가는 강인한 여성 CEO들이 있다.

"미래를 위해 주신 시간 같아요"

오 원장이 좋은 사례다. 겉으로 보기에는 작은 체구의 가냘픈 여성이지만, 그녀는 큰 의료재단을 훌륭하게 잘 이끌어가고 있다. 오 원장은 의사로서의 풍부한 임상 경험과 소신 있는 경영 능력을 인정받아 왔지만, 여성으로서 한 재단을 이끌고 나가는 데 보이지 않는 방해와 어려움이 많았다. 무거운 책임을 짊어지고 스트레스를 받아온 탓인지 어느 날 그녀의 건강에 빨간불이 켜졌다. 소화도 잘 안 되고 명치가 쓰리고 아파 병원에 가보니 위암이었다. 위암 선고를 받은 그녀는 순간 당황했지만 모든 상황을 침착하게 받아들였다. 위암 수술이 끝나고 입원실에서 그녀를 만나 코칭을 했다. 오 원장과 코칭을 할 때마다 어떤 상황이든 늘 새로운 관점으로 바라보려고 하는 그녀의 태도에 종종 감동을 받고는 했다. 나는 그녀에게 지금의 상황을 어떻게 바라보는지 물었다.

"물론 몸은 아프고 힘들지만 저는 이 시간이 미래를 좀 더 생각하라고 주신 시간 같아요. 제가 위암 수술을 받은 것도 무언가 뜻이 있지 않겠나 생각합니다. 그동안 앞만 보고 달려왔는데 병원에서 오랜만에 혼자 푹 쉴 수 있는 시간이 생겨 감사하네요."

오 원장의 방사선 치료가 끝나고 코칭을 위해 그녀를 다시 만났다.

코치	원장님, 위암 수술과 치료 과정을 통해 무엇을 느끼셨나요?
오 원장	지금까지 큰 일을 맡아오느라 신경 쓰지 못했던 것들이 보이기 시작하더군요. 가까이는 남편과 아이…. 그리고 무엇보다 제 자신을 돌아볼 틈이 없었다는 걸 깨달았어요. 병원에 입원해 있는 동안 저를 돌아보고 제 안에 있는 제 자신과 많은 대화를 한 것 같아요. '퇴원하면 어떻게 살 것인가'도 고민해봤지요.
코치	구체적으로 어떤 것들을 생각해보셨나요?
오 원장	제가 여성으로서 덩치가 큰 조직을 이끌다 보니 아무래도 눈에 보이는 실적에 많은 신경을 써야 했어요. 실적이 좋지 않으면 여러 가지 압박이 들어오고 또 큰 조직은 사람 관리나 평가에 민감하잖아요. 저도 모르게 과도한 스트레스를 받아온 것 같아요. 그 스트레스가 결국 암을 일으킨 것이 아닌가 싶어요. 제 안을 들여다보니 정말 많은 감정들이 있었는데, 그런 감정들은 모두 무시하고 오직 조직의 일에만 신경을 썼어요.
코치	자신에 대해 더 깊은 성찰의 시간을 가져보셨군요. 그럼 앞으로 어떻게 살 계획이신가요?
오 원장	이번 일로 이런 생각이 들더군요. '내가 아등바등 애를 쓴다고 해서 무엇이 달라질 것인가?' 책임자가 긴장감을 놓지 않되 유연성을 가질 필요가 있는데, 그동안 너무 힘이 들어간 경영을 한 것 같아요. 힘을 빼야 몸이 물에 뜨고 좀

더 유연하게 움직일 수 있는데, '그동안 내가 조직을 너무 경직된 상태로 운영해온 건 아닌가' 반성하게 되더라고요. 퇴원하면 좀 더 의미 있는 일에 투자를 하고 싶어요. 바쁘지만 어려운 사람들에게도 눈을 돌리고 가능하면 세계 오지에 나가 봉사도 하고 싶어요. 이렇게 아파보니 그동안 바빠서 미처 생각해보지 못했던 것들에 대해 고민도 하게 되고 또 깨달음도 얻게 되어서 앞으로 어떻게 살아야 할지 정리가 됐어요.

내게 가치 있는 삶은 어떤 삶인가

나는 오 원장과 코칭 대화를 나누며 '앞만 보고 달리는 바쁜 CEO들에게 가장 필요한 것이 무엇일까'를 생각해보았다. 많은 CEO들은 목표 지향적이고 결과 중심적인 생활을 하다 보니 자기 내면을 탐색할 시간이 많지 않다. CEO라면 내면을 돌아보고 깊은 통찰을 주는 질문을 스스로에게 자주 던질 필요가 있다. 그런 과정은 틀림없이 CEO를 성장하게 하는 동력이 될 것이다. 아래 질문 중에 하나를 선택하여 그 질문을 스스로에게 던져보자.

"나는 누구인가?"
"나는 지금 어디로 달려가고 있는가?"
"내가 진짜 원하는 것은 무엇인가?"

"나는 무엇을 두려워하고 있는가?"

"지금보다 더욱 용기를 낸다면 무엇을 하겠는가?"

"실패하지 않는다면 무엇을 해보겠는가?"

"나의 인간관계는 진실한가?"

"원하는 결과를 얻으려면 무엇이 바뀌어야 하는가?"

"내게 가치 있는 삶은 어떤 삶인가?"

코칭은 질문을 통해 생각의 변화를 이끌어내는 기술이다. 변화change하기 위해서는 먼저 '선택choose'을 해야 한다. CEO는 수많은 선택과 마주친다. 경쟁이 치열한 레드오션에서 나만의 청정지역인 블루오션으로 자리를 이동하기 위해서는 자기 한계를 뛰어넘는 선택을 해야 한다. 코칭을 하다 보면 많은 사람들이 자기만의 제한된 신념을 가지고 있는 것을 발견할 수 있다. 가령 "사람들은 나를 좋아하지 않아", "나는 말재주가 없어", "나는 몸이 약해서 이 일을 해낼 수 없어", "사업은 나랑 안 맞아", "나는 운이 없어" 등 스스로 한계를 만드는 것이다. 코칭에서 제한된 신념은 자기 성장을 방해하는 요소로 지적된다.

어떤 선택을 할 것인지 결정하고 나면 반드시 제한된 신념에 대한 '장애물hurdle'을 넘어야 한다. '장애물을 뛰어넘는 과정'을 위해서는 분명한 '실행 계획action-plan'을 세워야 한다. 실행 계획이 세워지면 미루지 않고 이것을 바로 '지금now' 이행할 수 있도록 준비해야 한다. 아무리 많은 메뉴얼이 있어도 실행하지 않으면 무용지물이 되고 만다. 위기 상황에서는 시간이 긴박하게 흐르기 때문에 실행 계획을 바로 이행하는 태도가 중요하다.

마지막으로 실행 계획을 이행하고 '성장growth'하고 있는지 <u>스스로</u> '평가evaluation'해보는 태도를 통해 진정한 변화를 기대할 수 있다.

Self Coaching

"스스로에게 던지는 격려의 말은 무엇인가?"

"내가 다른 사람과 다른 점은 무엇인가?"

"지금 내게 가장 필요한 자원은 무엇인가?"

"항상 미래를 대비한 새로운 사업을 고민해요"

미래를 준비하는 CEO

미래를 예측하는 가장 좋은 방법은 그 미래를 직접 만드는 것이다.
_앨런 케이

사람을 세우고 살리는 코치, 그리고 조직을 세우고 살리는 CEO에게서 발견되는 공통점이 있다. 바로 '통찰력'이다. 다른 사람이 보지 못하는 것을 볼 수 있는 눈, 다른 사람이 듣지 못하는 것을 들을 수 있는 귀, 다른 사람이 느낄 수 없는 것을 느낄 수 있는 마음. 이 모든 것은 예리한 통찰력을 통해 나오는 부분들이다. 코칭을 하면서 놀라운 통찰력을 가진 CEO를 종종 만날 수 있었다. 특히 미래 성장동력 산업의 트렌드를 미리 읽어내는 통찰력을 가진 CEO를 만날 때면, 호기심을 넘어 경외감마저 든다.

"미루지 말고 미래를 대비해야 합니다"

코치인 내게 그런 감동을 주는 CEO가 있었다. 어릴 때부터 공부를 잘 했지만 집이 몹시 가난해서 대학생이 되는 것은 꿈속에서나 가능했다는 허 사장 이야기다. 그는 억척스럽게 돈을 모아 기계 부품과 관련된 작은 사업을 시작했다. 어느 정도 돈이 모이자 접었던 공부를 다시 시작하기 위해 뒤늦게 대학에 들어갔다. 대학 졸업 후 그는 더 큰 꿈을 위해 미국 유학길에 올랐다. 거기서 사업 동반자요, 멘토인 에릭을 만나게 되었다. 그는 에릭과 미래 산업에 대한 이야기를 나누던 중, 앞으로 비즈니스에서 특허권이 굉장히 중요해질 것이라는 영감을 얻었다. 그래서 한국에 돌아와 변리사 자격을 취득했다. 그때부터 지금까지 허 사장은 큰 규모의 특허 법률사무소를 운영하며 우리나라 기업들의 특허권 소송을 도맡아 왔다.

그는 변리사 외에 중기업 대표이사, 학원 이사장, 협회 회장, 모 대학 겸임교수 등 여러 가지 직함을 가지고 있다. 어떻게 그 많은 일을 모두 다 열정적으로 잘 해내고 있는지 신기할 정도다. 그는 미래학에 관심을 가지고 끊임없이 다양한 공부를 하고 있는데, 그를 보면 코치형 리더의 자질을 완벽하게 갖추고 있는 CEO라는 생각이 든다. 코치다운 태도를 가진 CEO를 보면 항상 배우려 하고 진취적이며 변화에 대한 열정이 있다. 사람들을 대할 때도 한 사람, 한 사람에게 진정성을 가지고 대하며 신뢰감을 느끼게 한다. 무엇보다 사람들의 마음을 잘 읽어내고 자기 인식이 분명하다.

오랜 시간 CEO코칭을 하며 코칭에 대해 들어봤다고 하는 CEO는 만나봤어도 코칭의 이론까지 섭렵하고 있는 CEO는 거의 보지 못했다. 그런데 허 사장을 처음 만나던 날, 그는 코치인 내게 "코칭이 앞으로 비즈니스에 새 바람을 불어 올 거예요"라고 말했다. 나는 깜짝 놀라 물었다.

"코칭에 대해 많이 아세요?"

"제 멘토 에릭이 미국 컨설턴트인데 코칭을 자주 얘기하더군요. 미국의 잘나가는 대기업들은 오래전부터 모두 코칭을 해왔다고 들었습니다. 우리나라 대기업들도 요즘 코칭을 많이 하고 있다지요? 저희 주거래 회사 대표들에게 코칭이 좋다고 얘기를 많이 들어서 혼자 독학으로 코칭 공부를 좀 했습니다. 근데 이론 책만 봐서는 이해하기가 어려워 직접 연락을 드린 거예요."

코칭이 본격적으로 진행되면서 허 사장이 그냥 이론적으로만 코칭을 아는 것이 아니라 이미 오래전부터 코칭식 경영을 해오고 있었다는 것을 알게 되었다. 나는 코칭을 시작하게 되면 피코치들에게 코칭 이론서를 권하고 읽게 하는데, 허 사장은 이미 공부를 많이 해둔 터라 코칭을 진행하기가 훨씬 수월했다. 코칭을 할 때마다 박학다식한 허 사장의 혜안에 놀랄 때가 많았다.

코칭이 어느 정도 진행되어 중반 회기를 넘긴 어느 날, 허 사장이 약간 상기된 얼굴로 정말 중요한 새로운 코칭 주제를 내놓겠다고 말했다. 나는 어떤 코칭 주제인지 물었다. 그는 "환경 변화에 따른 미래 수요 예측과 그 대비에 대해 다루고 싶다"며 오늘 코칭 결과에 따라 언제 새로운 사업을 시작할지 결정하고 준비하려 한다고 했다.

나는 코칭 주제를 새롭게 정한 이유를 물어보았다.

"제가 지난주에 유투브에서 지진 관련 동영상을 봤어요. 요 근래 지진과 자연 재해가 많이 일어나고 있는데, 최근 100년 동안 일어난 지진 발생 수가 지난 1900년 동안 일어난 지진 수 보다 많다는 내용이었어요. 그걸 보고 자연 환경에 더 관심을 기울여야겠다는 생각이 들었어요. 지구 온난화로 북극해의 얼음이 녹아 계속 해수면이 상승하고 점점 지구가 더워지고 있다면, 산업도 환경 때문에 곧 대지각변동을 맞이할 거라는 거예요. 그동안 경영인 모임에서 환경 변화와 관련된 이야기들을 가끔씩 듣긴 했어요. 이젠 저도 미루지만 말고 환경 변화에 따라 소비자들의 의식이 달라질 것을 대비해서 뭔가 새로운 사업을 구상해야 한다는 생각이 들었지요."

그의 말대로 "최근 100년 사이 발생한 주요 지진의 횟수는 무려 20만 3186회"[24]라는 뉴스기사를 읽은 적이 있어서 그의 말에 수긍했다. 나는 허 사장에게 미래 수요자들의 구매 욕구가 어떻게 변화할 것이라고 예측하는지 물었다.

"예전에는 계절상품별로 소비자의 구매 욕구를 분석하고 마케팅 전략을 짰는데 이제는 계절상품이라는 말이 무색해졌어요. 사계절 모두 시원하고 신선한 걸 사람들이 요구할거라 생각해요. 에어콘, 냉장고, 전자제품뿐만 아니라 식품, 의료, 방송, 교육, 건강, 의료 모든 분야에까지 환경은 영향을 미칠 거예요. 환경 변화에 불안함을 느끼는 사람들은 식량을 미리 비축하려고 할거고요."

나는 허 사장의 생각에 지지를 보낸 후, 환경 변화를 예측하고 상품

진열을 하고 있는 미국 월마트의 예를 잠깐 소개했다. "팝 타르츠Pop Tarts라는 잼 파이는 허리케인이 오기 전에 날개 돋친 듯이 팔린다는 사실을 월마트가 알고 허리케인 경로가 있는 점포에 그러한 상품들을 서둘러 출하한다는 것"[25]이다.

허 사장에게 '환경 변화에 따른 미래 수요 예측과 대비'를 위해 자신에게는 어떤 사업이 가장 효과가 있는지, 각 결과의 긍정적 측면과 부정적 측면이 무엇인지를 물어보았다. 또한 이 계획을 실행하기 위해 무엇을 준비할 것인지 질문을 던졌다. 허 사장은 미래인재 교육사업에 대해 매우 구체적인 계획을 갖고 있었고 이제 그 일을 시작하겠다고 했다. 한마디로 요약하면 "환경 변화로 모든 경영 시스템이 급변할 것이다. 그러므로 경쟁에서 살아남으려면 경영 통찰력을 길러 수요의 변화를 미리 읽고 대비하는 수밖에 없다. 그것을 위해 인재를 육성하는 교육사업을 해야 한다"는 것이었다.

나는 허 사장의 미래인재 교육사업에 강력한 지지를 보냈다. 왜냐하면, 미래 사회는 우수한 인재들을 얼마나 확보하고 있느냐에 따라 경쟁력이 결정되기 때문이다. 실제로 하버드대 경제학 박사이며 뉴욕대 스턴비즈니스스쿨 교수로 활동하고 있는 대니얼 앨트먼Daniel Altman은 10년 후 세상이 어떻게 바뀔지에 대해 이야기하면서 인재와 관련하여 다음과 같이 언급했다.

"재능 있는 인재들을 붙잡는 데 어려움을 겪는 국가의 경제적 미래는 점점 암울해질 것이다. 이 같은 인재 유출은 전 세계 인적자원의 거대한 변화에서 가장 중요한 문제가 될 것이다. 부유한 국가와 가난한 국가 모두 인재 유출에 따른 부작용을 즉각적으로 경험하게 될 것이다. 선진국과 후진국 모두 누가 경제적으로 가치 있는 국민이 될 것인지 판단하고 이들 가운데 이주할 가능성이 높은 사람들을 붙잡기 위해 어떻게 해야 할지를 고민할 것이다."[26]

예측 불가능한 미래에 대비하는 CEO인가?

예측 불가능한 미래를 대비하기 위한 인재 육성과 유능한 인재에 대한 고민은 오늘날 모든 CEO의 고민이 아닐까? 우리에게 앞을 내다보는 통찰력이 부족한 건 아닌지 생각해보아야 한다. 미래를 예측하고 그에 대한 대비를 했다면 막대한 피해를 막을 수 있었던 사례들이 많이 있었기 때문이다. 심지어 우리는 자연 생태계에서 그러한 통찰력을 목격하기도 한다.

몇 년 전 중국 쓰촨 지역에 지진이 났을 때 그곳에서 일어났던 일을 지인을 통해 직접 듣게 되었다. 그는 쓰촨 지역에서 소외된 한센병 환자들을 돕는 일을 하고 있었다. 그런데 지진이 일어나기 3일 전부터 환자들 몸에 붙어 있던 개미가 모두 떨어져 나가는 것을 보았다고 한다. 온몸이 짓물러 피고름 투성인 한센병 환자들에게 개미가 늘 골칫거리였는데, 어느 날부터 모든 개미가 새까맣게 떼로 줄을 지어 이동하는 것을 본 것이다. 그는 불안한 마음에 환자들을 급히 북쪽으로 대피시켰다고 했다. 개미가 지각변동의 흐름을 미리 읽고 대피하는 것 같아 그러한 조치를 취한 것이다. 그 일이 있고 3일 후 쓰촨성에 지진이 나서 엄청난 사상자가 발생했다. 한낱 곤충이 인간도 미처 감지하지 못하는 부분까지 미리 파악하는 능력을 가지고 있다는 사실이 새삼 놀라웠다. 실제로 지진 발생 전에 목격되는 기이한 자연 현상과 여러 동물의 이상 행동은 수차례 보도되어 왔다. "1975년 2월 중국 랴오닝성 하이청에서 거위가 날아다니고 겨울잠을 자던 뱀들이 기어 나와 지진이 일어날 조짐이라고 본 당국은 100만 명의 주민을 대피시켰다. 2~3일 뒤 7.8의 강진이 일어났지만 인명 피해와 재산 피해를 많이 줄일 수 있었다"[27]는 사례도 있다.

유시간이 아닌 관통시간을 살기

미래를 바라보고 예측하는 눈, 그러한 통찰력을 갖기 위해서는 현재 내가 어떠한 시간관념 속에 살고 있는지 점검해봐야 한다. NLP코칭 기술 중 시간선time-line이라는 기술이 있다. 이 기술은 시간을 하나의 선이라고 생각하고 과거나 현재, 미래를 걸어가보는 기술이다. 이때 시간의 개념을 두 가지로 나누는데 하나는 '유시간in time', 다른 하나가 '관통시간through time'이다. 유시간 개념에서는 과거, 현재, 미래의 경계가 불투명하다. 마치 찰흙덩이가 한데 뭉쳐있듯이 과거, 현재, 미래의 사건과 감정이 같이 연결되어 있는 것이다. 유시간 개념을 가지고 살아가는 경우 과거의 일을 감상하는 데 쉽게 빠져들고 현재와 미래를 위한 결정을 내리기가 힘들 수 있다. 장기 프로젝트나 계획을 실행하기도 어렵다. 이와 달리 관통시간은 일직선으로, 저항 없이 흐른다.

관통시간 개념을 가지고 살 때 과거의 기억을 한 발짝 떨어져서 바라볼 수 있으며 시간과 가치를 연결하여 생각해볼 수 있다. 또한 질서와 계획을 가지고 시간을 잘 활용할 수 있다.

과거의 실패나 어려움을 대하는 태도를 통해 나의 시간 개념이 유시간에 가까운지 관통시간에 가까운지 알 수 있다. 실패나 어려움, 부정적인 감정이 자주 떠오르고 그 기억으로 인해 현재와 미래의 일을 진행하는 데 저항을 느낀다면 유시간 개념 속에 살아가고 있을 가능성이 크다. 반대로 '과거는 과거, 현재는 현재, 미래는 미래'라는 시간 관념을 가지고 과거의 경험을 객관적으로 바라보며 교훈이나 보완점을 찾아내는 데 익숙하다면 관통시간을 살고 있는 것이다. 이때 비로소 현재를 바로right 보는 것과 미래를 바라insight 보는 것이 가능하다.

미래에 일어날 일을 예견하고 준비하는 자세는 모든 사람에게 필요하지만, 특히 기업을 운영하는 CEO가 반드시 갖춰야 할 자질임에 틀림없다. 자연 속 생물들이 선천적으로 부여받은 감각이나 감지능력을 우리가 동일하게 가질 수는 없겠지만, 모든 변화에 대해 항상 촉각을 곤두세우고 살피는 노력이 필요할 것이다. 또한 과거, 현재, 미래를 균형 있게 바라보며 모든 경험을 바탕으로 매순간 통찰력을 끌어내는 것도 중요하다. 기업의 성패는 과거와 현재 그리고 미래를 균형 있게 바라보는 CEO의 눈에 달려있다고 해도 과언이 아닐 것이다.

"행복을 공유하는 기업가가 꿈이에요"

조직과 조직원, 고객을 섬기는 CEO

글로벌 CEO들은 코칭에 주목한다.

_파멜라 리처드

"이 그룹에서 여러분들이 가장 닮고 싶은 CEO는 누구인가요?"

그룹코칭 중 질문을 던졌다. 그랬더니 절반이 넘는 CEO가 한 명의 CEO를 지목했다. 늘 겸손하고 온유한 박 사장이었다. "왜 박 사장을 닮고 싶냐"고 물었더니 한 사람이 이렇게 답했다.

"박 사장님은 자신을 드러내지 않으면서도 타인에게 늘 모범이 되는 분이에요. 어떻게든 사람들에게, 또 이 사회에 유익하고자 하는 마음을 갖고 계신 것도 정말 배우고 싶은 모습 중 하나고요. 윗사람이든 아랫사람이든 얼마나 예의 있게 대해주시는지. 그리고 놀라운 '통찰력'으로 회사의 장기적인 성장 시스템을 키워나가시는 분입니다."

앞서 여러 차례 이야기한 것처럼, '통찰력'은 경영에서도 코칭에서도 매우 중요한 역량이다. 세계 경제는 불안정하고 기존의 경영 방식으로는 새로운 경영 환경에서 살아남기가 힘든 시대가 되었다. CEO는 위축된 글로벌 시장 경기를 뛰어넘을 경쟁력을 갖추어야 하는데, 그 답이 바로 통찰력이다. 보통 사물을 꿰뚫어 보는 능력을 통찰력이라 한다. 하지만 코칭에서의 통찰력은 새로운 문제 상황에 직면했을 때 과거의 경험에만 의존하지 않고 오감에 의한 통합적 사고로 극복할 수 있는 능력을 의미한다.

"어려운 사람들, 또 제 주변 사람들과 함께 행복해지고 싶어요"

박 사장과 이야기를 나누다 보면 사람들은 그의 놀라운 지혜와 겸손한 자세에 대해 존경하는 마음을 갖게 된다. 그룹코칭 때도 박 사장의 그러한 면모를 볼 수 있었지만 일대일코칭을 진행하며 박 사장의 가치관과 내면을 더욱 깊이 알아갈 수 있었다.

<u>코치</u>　　많은 분들이 박 사장님을 닮고 싶은 CEO라고 꼽으시던데, 어떻게 생각하세요?

<u>박 사장</u>　어휴. 저는 부끄럽습니다. 그냥 저보다 훌륭하신 분들을 조용히 따라가고 있을 뿐인걸요. 예전에는 제가 제 자신을 잘 안다고 생각했는데 인생을 살아보니까 정말 많이 부족한 사람이라는 걸 알게 되었어요. 제가 평소에 해외 출장을 자주 가는데요. 나가 보면 어렵게 사는 사람들이 정말 많아요. 특히 동남아 쪽에 가보면 비참하게 살고 있는

이들이 많지요. 그들에게 조금이나마 도움이 되고 싶은 게 제 꿈이에요. 꿈꿀 수 있다면 실행할 수 있잖아요.

코치 꿈꿀 수 있다면 실행할 수 있다는 말이 참 멋지네요. 그렇다면 박 사장님이 코칭 받고 싶은 주제는 무엇인가요?

박 사장 꿈꾸고 있는 비전에 대해서 코칭 받고 싶습니다.

코치 박 사장님이 꿈꾸고 있는 것은 구체적으로 무엇인가요?

박 사장 행복을 공유하는 기업가가 제 꿈이에요. 저는 기초 생활마저 어려운 사람들을 재정적으로 돕는 게 제 소명이라고 생각해요. 그것을 위해 일시적 재원확보와 지속적 재원확보를 생각하고 있는데, 그런 의미에서 지금 중국의 대규모 프로젝트를 맡아 진행 중에 있어요.

코치 겸손한 박 사장님 성품이 고스란히 담긴 소명이네요. 행복을 공유하는 기업가에 대해 좀 더 구체적으로 말씀해주시겠어요?

박 사장 어려운 사람들과 또 제 주변 사람들과 함께 행복해지는 기업가를 의미해요. 어려운 사람들에게는 그들에게 필요한 도움을 주며 행복을 나누고 싶고요. 저와 함께 일하는 직원들이 행복하게 일하도록 최고의 대우를 해주고 싶어요. 수직관계가 아닌 협력관계에 있는 기업인을 말하는 거지요. 협력해서 성취를 얻게 되고 이로 인해 행복해지는 기업인을 말해요. 너무 거창한가요?

코치 아닙니다. 매우 훌륭하신 생각이십니다. 만약 지금 사장님께서 그런 기업가가 되었다고 상상해본다면, 마음에서 어떤 느낌이 느껴지시나요?

박 사장 가슴이 너무 벅차고 행복이 밀려옵니다. 음… 지금 중국에서 하고 있는 사업이 대단위 골프장 설립과 건설 엔지니어링 사업이에요. 현재 글로벌 그룹들과 함께 조 단위 프로젝트를 진행하고 있어요.

코치 정말 어마어마한 대형 프로젝트군요. 어떻게 그 사업을 진행하게 되셨나요?

박 사장 제가 이 프로젝트 시작할 때 50번 이상을 비행기를 타며 중국을 왔다 갔다 했어요. 다들 위기라고 하지만 어려운 상황에 안주하지 않고 문제 뒤에 있는 가능성을 보았지요. 사람들이 저에게 '통찰력'이 있다고들 하는데, 그런 맥락에서 보면 이 프로젝트가 시작된 건 제가 남들이 보지 못하는 것을 보았기 때문이라고 할 수 있겠네요. 처음엔 아무도 가능성이 있다고 생각하지 못했지만 저는 관련 업계의 네트워크를 만들어서 회사를 연결해주고 골프장과 워터파크 설립 팀을 만들어서 여기까지 온 거예요. 프로젝트를 통해 지분도 받게 되니 그걸로 장학재단을 만들어 어려운 이들에게 도움을 주려고 생각하고 있습니다.

내면의 나쁜 그림을 좋은 그림으로 바꾸는 기술

나는 남이 보지 못한 가능성을 보고 그것을 추진한 박 사장의 실행력과 섬김의 자세를 칭찬해주었다. 그리고 수조원대의 프로젝트를 진행할 수 있게 만든, 무에서 유를 창조한 근원적인 비결이 궁금해졌다. 그래서 박 사장에게 그런 목표를 실현하기 위해 채택하기로 한 전략을 물어본 다음, 그 일을 성공적으로 수행하기 위해 어떤 내적자원이 필요한지를 물었다. 박 사장은 자기 안에 '어머님의 사랑'이 가장 충만한 내적자원으로 남아있다고 했다. 지금은 이 세상에 계시지 않지만, 그의 어머님은 임종 때까지 자녀들에게 많은 교훈을 남기셨다고 했다.

"저희 어머님은요, 아주 신실한 분이셨는데요. 돌아가시기 전에 죽음의 때를 미리 아시고 본인이 곧 천국에 간다며 자녀들을 한 자리에 모으셨어요. 저는 그때 '어떻게 죽음 앞에 저렇게 담대할 수 있을까? 진짜 삶에서 중요한 것은 무엇인가?'를 진지하게 생각하게 됐어요. 그때 인생을 바라보는 눈이 달라진 거죠. 눈에 보이는 게 다가 아니라는 걸 알게 됐어요. 그때부터 보이지 않는 영적 세계까지 생각하는 습관이 생겨난 것 같아요. 그러다 보니 남들보다 예리하고 통찰력 있다는 말을 듣게 된 거 아닐까요? 어쨌든 저는 저희 어머니가 저에게 자주 들려주신 '이웃을 사랑하라'는 말을 실천하면서 저의 비전을 이뤄가고 싶어요."

"아. 네, 정말 감동적입니다. 어머님의 사랑과 교훈이 박 사장님의 큰 자원이 됐군요. 앞으로 이루시게 될 비전도 정말 기대됩니다. 그런데 박 사장님, 그 일을 해나가는 데 예상되는 어려움은 어떤 것들이 있을까요?"

"건설 경기가 안 좋아서 성장이 힘들다고 말하지만, 미래를 예측하고 준비된 경영자의 자세로 나아가면 큰 문제는 없을 것 같아요. 사실 현실만 보면 한 치 앞을 알 수 없어서 두려운 상황이라고 할 수 있을 겁니다. 그래도 어려움을 하나둘씩 돌파하면서 잘 극복해왔지요. 이제는 코칭이 있어 더욱 든든합니다. 이번에 코칭을 배우며 알게 된 스위시swish 기법 덕을 톡톡히 보고 있어요. 코칭을 청년 때부터 알았다면 얼마나 좋았을까요? 힘든 일 생기면 스위시 자세로 나가면 되니까 두려움은 없습니다."

나는 박 사장의 두려움 없는 자세에 진심으로 지지를 보내고 미래에 대한 분명한 그림을 구체화하는 '미래보정'으로 코칭을 마무리했다. 박 사장이 말한 스위시swish 기법은 그만두고 싶거나 불쾌한 감정, 두려움, 바람직하지 않다고 생각하는 행동이나 체험을 의식적으로 '긍정적인 장면'으로 바꾸는 기술이다. 한마디로 자기 내면의 나쁜 그림을 좋은 그림으로 바꾸는 기술이다.

스위시 방법에는 시각적인 방법과 청각적인 방법이 있는데, 시각은 그림을 활용한 것으로 비주얼 스위시visual swish라고 하고 청각은 음성을 활용한 것으로 오디토리 스위시auditory swish라고 한다. 비주얼 스위시의 방법은 다음과 같다. 먼저 불쾌한 장면의 그림은 자기 눈 가까이에 두고 바람직한 상태의 그림은 멀리 둔다. 그리고 나서 두 개의 그림을 한 순간에 의식적으로 서로 바꾸는 것이다. 비주얼 스위시를 하고 나면 항상 바람직한 상태의 그림을 자기 앞에 두게 되므로 긍정적인 마인드를 갖게 된다. 오디토리 스위시는 불쾌한 목소리나 소리가 들려오는 것을 이미지화한다. 그다음 그 소리가 들려 올 때, 스피커의 전원 스위치를 꺼 나쁜 소리나 목소리를 지움과 동시에 바람직한 목소리가 들려오는 것처럼 의식적으로 이미지화하는 것이다.

지금 당신에게 두려움이 없다면 무엇을 시도해보겠는가?

코칭을 마무리하고 나서 박 사장과 비슷한 업계에 종사하는 몇몇 사장의 얼굴이 떠올랐다. 그들은 박 사장과 다르게 건설 경기가 좋지 않은 현재의 상황만 바라보고 미래에 대해서 상당한 불안함과 두려움을 갖고 있었다. CEO코칭을 하면서 의외로 많은 CEO들이 겉으로는 자신감 넘치는 성공한 CEO의 모습을 하고 있더라도, 시시때때로 찾아오는 불안한 환경 앞에서 내면에 두려움을 쌓아간다는 것을 발견한다. 그래서 코치는 고객의 부정적인 감정을 전환시키는 스위시 기법을 코칭에서 자주 사용하게 된다. 코치는 고객의 감정 전환을 위해 그들이 가장 좋아하는 것을 나열하게 한 다음 내적자원을 확인하는 단계를 거친다.

때때로 코치는 고객이 그의 부정적인 감정을 직면하고 자신의 한계를 넘어서도록 코칭한다. CEO들도 자신의 한계를 제한하는 제한적 신념들을 갖고 있는 경우가 많이 있다. "새로 시작하기에는 이미 너무 늦었어", "나는 사업을 크게 확장하면 안 돼", "동업은 절대 안 돼, 망해", "사람들은 절대 믿으면 안 돼", "부하직원들이 나를 무시할거야",

"나는 설득력이 약해" 등 자기만의 제한적 신념을 갖고 있다. 신념이나 믿음은 우리 삶에 강력하게 영향을 주는 힘이다. 그런데 부정적인 제한적 신념을 통제하지 않고 허용해버린다면, 결국 부정의 힘이 이끄는 대로 가게 된다. CEO들에게 가장 크게 작용하는 부정의 힘은 무엇일까? 바로 두려움이다. 조직을 이끄는 CEO들의 제한적 신념을 파헤쳐보면 그들의 마음 중심에 '이 사업이 망하면 안 되는데' 하는 두려움이 있다. 하지만 두려움을 잘 활용하면 오히려 새로운 도전의 기회를 가져올 수 있다. CEO코칭에서 이 질문을 던지면 많은 CEO들이 한결같이 자신에게 매우 도움이 되는 질문이라고 말한다.

"지금 당신에게 두려움이 없다면 무엇을 시도해보겠는가?"

결국 박 사장도 두려움을 극복했기에 어려운 현실 가운데서도 대형 프로젝트를 맡을 수 있었고 자신의 꿈에도 한 발자국 더 다가갈 수 있었다. 하지만 반대로 생각해볼 수도 있다. 그가 두려움을 극복할 수 있었던 원동력은 무엇이었을까? 박 사장이 코칭 중에 "가슴이 너무 벅차고 행복감이 밀려 온다"라고 표현했던 그의 비전이 떠올랐다.

"행복을 공유하는 기업가가 제 꿈이에요."

행복을 공유하고 싶다는 박 사장의 꿈은 그의 서번트 리더servant leader로서의 모습과도 일맥상통한다. 이 책 전반에 걸쳐 코치로서의 CEO에 대해 설명했다. 많은 이야기들을 했지만 코치로서의 CEO가 된다는 것은 결국 '섬기는 리더servant leader가 되는 것'을 의미한다. 수많은 CEO와의 만남을 되돌아보면 코치인 나에게 감동을 준 리더는 결국 섬기는 리더였다. 자신의 조직과 조직원들, 그리고 고객을 향한 진실한 헌신의 마음과 섬김의 실천은 그 어떤 역량보다도 뛰어난 역량이라 할 수 있다. 사람으로 시작해 사람으로 마치는 경영에서 사람을 세우는 '섬기는 리더', '코치형 리더'만큼 강력한 리더는 없다.

Self Coaching

"나는 사람들과 어떤 것을 공유하는 리더가 되기 원하는가?"

"나의 삶을 한 문장으로 만들어본다면?"

"인생의 마지막 순간에 이르기 전에

반드시 해야 할 일이 있다면 무엇인가?"

생산성을 높이는 내부 경쟁자 협력 코칭

조직의 생산성을 높이는 일을 방해하는 요인 중에는 내부경쟁이 차지하는 비율이 매우 높다. 조직 구성원들끼리의 과열된 내부경쟁은 성취의욕을 저하시키며 에너지 레벨을 떨어뜨려 결국 저성장의 원인이 된다. 코치로서 임원코칭과 팀코칭을 하다 보면 조직의 내부경쟁에 따른 실적 저하, 평가 스트레스, 경쟁 압박, 조직 내 갈등 야기, 승진에 대한 불안감이 종종 코칭 주제로 거론된다. 조직 내에서 승진, 금전적 보상, 실적 순위 평가제 등으로 인한 구성원들끼리의 내부경쟁은 위화감 조성, 의욕상실, 패배감, 충성도 저하, 업무 만족도 저하 등을 초래하여 기업에도 생각보다 큰 피해를 줄 수 있다.

조직 구성원들끼리의 경쟁은 조직의 성과를 높이는가?

조직 내 구성원 간의 경쟁은 기업들 간의 경쟁우위를 달성하기 위한 경쟁과는 또 다른 성격이 있다. 기업은 경쟁우위를 달성하기 위해 경쟁전략을 회사차원에서 다룬다. 예를 들면, 인사정책에서도 차별화 기업은 ① 전문기술을 가진 사람, 다른 분야에 대해서도 배우려는 노력이 높은 사람을 채용하고 ② 협동심을 유도하기 위해 집단성과급 제도를 실시하며 ③ 전문지식을 개발하도록 하는 교육훈련을 실시한다.

그러나 이러한 기업 경쟁전략의 인사정책을 통해 조직 내 팀원이 되면 아이러니하게도 얼마 가지 않아 조직 내에서 경쟁적 관계로 진입해버리는 경우가 허다하다. 내부경쟁적 관계가 과열될 때에는 조직 내에서 승 – 승의 관계가 아닌 승 – 패의 사고, 언어적 공격, 배타성, 판단, 상호비방으로 이어질 수 있다.

내부경쟁자가 서로 협력할 수 있는 방법

그렇다면 조직의 생산성 향상을 위해 내부 경쟁자가 서로 협력할 수 있는 코칭식 접근방법은 무엇일까?

협력적 관계는 조직 구성원들이 상호 '신뢰관계'가 튼튼하게 구축되어 있을 때 시너지를 낼 수 있다. 이를 위한 가장 기본적인 코칭 스킬이 '라포'다. 인간의 신경체계에 영향을 주는 언어와의 상호작용에 대한 구조를 더욱 체계적으로 다룬 'NLP 코칭' 기술에서 신뢰관계를 가져오는 라포 스킬은 크게 다섯가지가 있다. ① 눈동자의 움직임을 통해 상대방의 내면의 단서를 파악해내는 '눈동자 접근단서' ② 상대방과 시각, 청각, 체각의 보조를 맞추며 공통점을 발견해나가는 '페이싱' ③ 상대방의 행동을 따라함으로써 완전한 일치감을 느끼게 하는 '미러링' ④ 상대방의 말을 잘 듣고 핵심적인 말을 찾아내어 반응해주는 '백트래킹' ⑤ 신뢰가 있는 라포를 만들기 위해 상대방의 동작, 호흡, 상태를 주의 깊게 찾아내는 '캘리브레이션' 등은 상대방과의 신뢰가 있는 정서관계를 위한 기본적인 라포 기술이다. 코칭에는 이 외에 주목하기, 자세, 공간적 거리, 제스처 등 많은 라포 기술들이 있다.

그룹코칭과 팀코칭에서는 조직 내 경쟁 수위를 낮추고 상대방과 신뢰를 쌓아 협력관계로 들어가기 위해서 이런 기본적인 라포 기술을 실행한다. 임원의 일대일코칭에서는 경쟁관계를 개선하고 협력관계를 위해 '포지션 체인지'나 '스위시' 기술 등을 사용하기도 한다. '포지션 체인지'의 핵심 내용은 상대방의 입장에서 생각해볼 수 있도록 지각 위치I의 입장, You의 입장, 객관적 입장를 바꿔보는 기술이다. 스위시는 자기 내면의 나쁜 그림을 좋은 그림으로 바꾸는 기술로 내부경쟁관계에 있는 불편한 그림을 조직의 공동의 목표를 성취했을 때의 원하는 그림으로 대체하도록 코칭한다. 이런 기술과 질문들을 통해 과열 경쟁시 어떤 파장이 초래되는지 결과를 예측하고 파급효과를 알게 한다.

조직 내 구성원의 차원에서 "신뢰는 내부경쟁을 줄이고 협력을 가져오게 하는 결정론적 요인의 근간"이 되므로[28] 코칭에서 신뢰관계를 위한 이러한 라포 기술의 활용은 대단히 중요하다. 조직 구성원들끼리의 협력적 관계는 조직 내 유연성과 융통성을 발휘하게 하며, 파트너십을 통한 상호이익, 공동의 목표를 향한 승 – 승의 관계를 가져온다.

따라서 조직 내에서 협력 코칭이 이루어지면 더욱 생산적인 관계를 기대할 수 있고 창의적인 아이디어로 신제품 개발 향상, 구성원들의 참여도를 높여 결국 높은 성과를 창출하게 된다. 우리나라의 모든 기업이 경쟁관계에서 협력관계로 나아갈 때 놀라운 생산성 향상을 기대할 수 있을 것이다.

경쟁관계와 협력관계의 특징

경쟁관계의 특징	협력관계의 특징
• 승 – 패의 관점	• 승 – 승의 관점
• 의사소통 단절	• 자유로운 소통
• 개인적 성취에 집중	• 팀 공동의 성취에 집중
• 언어적 공격, 심리적 위축	• 칭찬, 인정
• 명령, 통제, 위압적인 자세	• 수용, 공감, 롤 모델(role model)
• 갈등, 회피	• 존중, 합의 도출
• 판단, 편견, 선입견	• 에고리스 자세, 다양성 인정, 가치판단 배제
• 문제에 초점	• 원트(Want)에 초점
• 탑 다운(Top-Down) 의사결정 방식	• 책임 공유
• 단기목표 강조	• 장기목표 강조
• 자원 독점	• 공동 이익
• 단기적 성과	• 지속적 성장

5장

CEO를 살리는
최고의 파트너, 가족

우리는 모두 파란만장한 삶을 경험한다.
그러나 우리가 어떠한 시각으로 그 경험을
우리 삶에 도움을 줄 과정으로 보느냐가 중요하다.

_요셉 유미디

— 코칭할 때 "당신에게 가장 중요한 것은 무엇입니까?"라는 질문을 던지면 적지 않은 사람들이 "가족"이라고 답한다. 그들은 한결 같이 가정이 편안해야 조직도 안정되게 경영할 수 있다고 입을 모은다. CEO에게 가족은 회사 전체에 영향을 줄 수 있는 큰 변수이기 때문에 가족과의 관계는 매우 중요하다. 특히 대기업 CEO의 가족들은 CEO 한 사람뿐만 아니라 가족 전체가 일반인의 관심과 이슈의 대상이 될 수 있기 때문에 더 높은 책임감과 윤리의식이 필요하다.

늘 급변하는 경영 환경 속에서 신속한 결정을 해야 하는 CEO들에게 가족은 정서적인 안정감을 주고 다시 일어날 수 있는 힘을 제공하는 근원이 된다. 가정이 행복한 CEO들은 조직도 활기차게 이끌어나간다. 아무도 자신을 믿어주지 않더라도 가족이 믿어주면 힘을 얻고 어려움을 이기고 나아간다.

그런데 CEO들과 코칭을 하다보면 CEO가 하는 말과 표정이 일치되지 않는 경우들이 종종 나타난다. 사회적으로는 매우 성공한 리더이고 겉으로는 화려해보여도 가족에 대한 이야기가 나오면 언어적 측면과 비언어적 측면이 심한 불일치를 보일 때가 있다. "저희 가족은 모두 괜찮습니다. 자식들도 훌륭하게 자라주었고…. 집사람도 내조를 잘해줘서…." 말로는 괜찮다고 하는데 얼굴에는 심각한 그늘이 드리워져 있다. 그럴 때 나는 코치로서 언어적인 대화와 비언어적인 대화가 일치되지 않는 '역기능적 대화'가 진행되고 있음을 알아차린다.

자존심과 자의식이 강한 CEO들은 자신의 문제를 잘 보지 못한다. 더군다나 코치와 신뢰가 충분히 형성되어 있지 않으면 초기 코칭 세션에서 자기 오픈을 잘 하지 않는다. 그래서 코칭을 진행하며 라포가 어느 정도 형성되면 감정을 솔직하게 표현할 수 있도록 다음과 같은 감정방출 질문들을 던진다. "좀더 솔직하게 마음을 열고 감정들을 더 표출해보시겠어요?", "가족에 대해 어떤 감정을 갖고 있나요?", "그 상황에 대해 어떤 기분이 드나요?"

자존감이 낮은 CEO일수록 다른 사람들의 평가에 더욱 민감하기 때문에 자신의 낮은 자존감을 감추고 대화를 진행한다. 이때 그들의 말과 행동, 감정이 일치되기가 어렵고 대화의 내용은 상대방에게 혼란을 주기도 한다. 그나마 편하게 이야기할 수 있는 대상이 가족인데 집안에서조차 가족의 말에 주의를 기울이기보다는 자신의 생각대로만 상대방을 이해하려 들기 때문에 가족들이 상처를 많이 받게 된다. 밖에서 상처 난 자존감을 가족들에게 보상받으려고 하는 욕구가 강하면 강할수록 가족 간의 갈등의 골은 더욱 깊어진다. CEO 자신과 그의 가족이 건강하지 못하면 결국 부정적인 영향은 고스란히 회사의 조직 구성원들에게 돌아간다.

CEO 자신에게 가장 중요한 것을 탐색하다보면 내면에 있는 중요한 가치들을 새롭게 발견하게 된다. 우리나라 CEO들에게 가장 중요한 것은 무엇일까? 그 답을 함께 찾아보자.

"그 말 한마디 때문에 살았어요"

말의 힘을 믿고 행하는 CEO

말은 마음의 초상이다.

_레이

"사람은 극한의 어려움에 부딪히면 문제를 빨리 해결하려고 하지요. 그런데 저는 어려움을 즐겨요. 왜냐고요? 어려움은 기회니까요."

"사업하시면서 그동안 어려움이 많으셨나봐요."

"아마 저처럼 인생에 굴곡이 많은 사람도 드물 거예요. 사람들은 지금의 저만 보고 대단한 성공을 거두었다고 하지만, 예전의 저를 아는 사람은 기적이라고 말하지요."

홍 사장을 처음 만난 것은 기업 CEO 특강 때였다. 그 날 이후, 모 대학 경영대학원 리더십 코칭 강의에서 홍 사장을 다시 만나게 되었다. 그는 내 강의를 듣고 코칭에 많은 관심을 가지게 되었다며 자신의 리더십에 대해 코칭해달라고 부탁했다. 홍 사장은 꽤 탄탄한 중견기업을 운영하고 있었는데, 처음 만났을 때 표정이 너무 근엄하고 무거워 보여서 경직된 사람이라는 인상을 받았었다. 그런데 적극적으로 코칭을 의뢰해서 의외라는 생각을 잠시 했었다.

　코치는 피코치에 대한 사전 판단을 모두 배제해야 한다. 때문에 나의 가치판단과 선입견을 내려놓고 에고리스한 자세로 홍 사장과 코칭을 시작했다. 코칭 주제는 피코치가 정하지만 CEO 리더십 코칭의 경우에는 여러 가지 형태로 진행된다. 대개 먼저 리더십 유형검사와 진단을 통해 유형별 장·단점을 파악하고 그에 따라 코칭을 전개해 나간다. 어떤 CEO들은 대단히 권위적이지만 또 어떤 CEO들은 굉장히 우호적이고 사교적이기도 하다. CEO의 성격도 다양해서 전문성을 갖춘 코치들은 여러 가지 성격유형 진단검사를 실시한다.

"우리 집사람 말 때문에 죽다 살아났습니다"

코칭 첫날 실시한 리더십 진단 결과 홍 사장은 '우호적인 리더Friendly leader'인 F형 리더였다. 항상 굳은 표정을 하고 있는 홍 사장의 겉모습과는 다른, 의외의 결과였다. F형 리더들은 상대방에게 매우 친절하고 배려심이 있으며 탁월한 경청 능력의 소유자다. 많은 사람들의 귀감이 되며 일관성이 있어 상대방에게 신뢰감을 준다. 이 유형은 유머감각도 높은 편인데 홍 사장에게도 그런 면이 있는지 궁금했다. 코칭을 해나가다 보면 차츰 홍 사장 본연의 모습을 파악하게 될 것이라 생각했다. F형 리더들의 단점은 비판에 민감하고, 자신의 속마음을 잘 표현하지 않아 상대방에게 우유부단하다는 평가를 듣기도 한다는 것이다.

홍 사장에게 이 부분을 이야기했더니 "제가 평소 결정을 내릴 때 시간이 좀 걸립니다. 신중한 면이 있지만 모험적인 투자는 안 하려고 하니 가끔 우유부단하다는 얘기를 듣곤 합니다. 신기하네요"라고 했다. F형은 일보다 사람과의 관계를 중요하게 생각하기 때문에 코칭할 때 일의 목표나 비전에 대한 분명한 점검이 필요하다. 또한 다른 유형에 비해 여유만만한 경우가 많아 일을 할 때 신속하고 정확한 결정을 내릴 수 있도록 코칭한다. F형 리더에 대한 피드백을 마치면서 홍 사장에게 솔직한 심정을 전했다.

"사장님, 솔직히 제가 느꼈던 사장님 첫 인상과 리더십 유형 검사 결과가 다르게 나온 것 같아요."

"하하. 제가 보기와는 많이 달라요. 우리 직원들에게 더 좋은 리더가 되고 싶어서 제가 코칭도 부탁드렸지요."

나는 홍 사장과 총 10회의 리더십 코칭을 진행했다. 1단계에서는 조직 안에서 홍 사장의 리더십이 어떻게 나타나고 있는지 진단하고 평가한 후, 리더십 개선점과 관계 점검을 다뤘다. 2단계에서는 코치형 리더로서 갖추어야 할 기본자세와 다양한 코칭 스킬, 직원과의 갈등 문제 해결방법, 회사의 목표와 비전을 주로 다루었다. 3단계에서는 코칭의 실제 과정을 익히고 회사의 매출 성장을 위한 리더의 역할에 대해 다루었다.

말로 남편의 사업을 돕는 아내

홍 사장과 코칭을 하며 새로운 사실을 많이 발견했다. 그는 불굴의 의지를 가진 한국인이었다. 대다수의 CEO들이 저마다 어려운 시기를 겪고 많은 고생을 하지만, 이만큼 파란만장한 스토리를 가진 CEO가 또 있을까 하는 생각이 들 정도였다. 홍 사장과 회사의 목표와 비전을 다루는 일곱 번째 코칭을 할 때였다.

"사장님, 회사의 목표를 달성하기 위해 무엇을 할 수 있을까요?"

"3년 안에 중동 지역에 3개의 사업장을 내는 것입니다."

"중동 지역을 선택한 이유가 무엇인가요?"

"제가 30대 초반에 사우디아라비아에서 4년간 일했습니다. 그 지역에 대해 조금 알고 있어서 기회가 되면 꼭 그쪽 사업을 뚫으려고 했습니다."

"그러시군요. 그럼 어떻게 하면 실행력을 높일 수 있을까요?"

"우리 집사람이 도와주면 됩니다."

실행력을 높이기 위한 질문에 뜬금없이 아내가 도와줘야 한다는 답이 나와서 순간 당황했다. "사모님이 도와줘야 된다고요?"라고 다시 백트래킹backtracking 질문을 했다. 백트래킹 질문은 상대방이 한 말을 그대로 반복해서 질문하는 것을 말한다.

"네, 저희 집사람이 도와주면 우리 회사 목표를 충분히 달성할 수 있다고 봅니다."

확신에 찬 홍 사장의 표정을 보니 궁금해졌다. 그동안 회사에서 홍 사장 아내를 한번도 본 적이 없는데, 어떻게 도와준다는 것인지 궁금해서 다시 질문을 던졌다.

"사모님이 어떻게 도와주신다는 거지요?"

"저희 집사람이 없었으면 지금의 저도, 회사도 없지요. 집사람은요, 회사 경영에 직접 참여는 안 해도 수완이 보통 좋은 게 아니에요. 저는 모든 비즈니스를 집사람 허락받고 해요. 집사람은 제가 누구와 거래를 하든지 꼭 집으로 모셔 오라고 합니다. 음식 솜씨가 수준급이라 오는 사람마다 감탄을 하고 가요. 그것도 저를 도와주는 일이지만 진짜 도움은 다른 데 있어요. 사실 이런 얘기하면 사람들이 팔불출이라고 하지만…. 저희 집사람 '말'에는 이상하게 힘이 있어요. 사업을 하다 보면 집사람이 말하는 대로 다 되는 거예요. 그래서 제가 집사람에게 당신은 말로 내 사업을 돕는다고 하지요."

"말로 사업을 돕는다고요?"

"네, 그렇습니다. 우리 집사람 말 때문에 제가 살았거든요."

홍 사장은 그동안 다른 사람이 한번 겪을까 말까한 실패를 수없이 겪었지만 아내의 말 덕분에 계속 사업체를 꾸려올 수 있었다고 했다. 그는 회사 경영을 하는 동안 공장 화재 사건이 세 번이나 있었다고 이야기해주었다. 그때마다 회사는 큰 어려움을 겪었고 두 번째 화재는 대형 화재에 인명 사고까지 겹쳐 회사가 부도 직전까지 갔다고 했다.

"폐허가 된 공장을 보고 절망에 빠져서 모든 걸 포기하려 했습니다. 도저히 다시 일어날 수 있을 거라는 희망이 보이질 않았어요."

잿더미가 된 공장으로 인해 낙심한 홍 사장을 향해 그의 부인이 이런 말을 했다고 한다.

"여보! 아무래도 당신이 더 큰사람이 되려고 하나 봐요. 이런 어려움은 아무에게나 허락되는 게 아니에요. 어려움 겪지 않고 쉽게 성공하면 오래가지 못해요. 이런 고생이 분명 나중에 성공의 밑거름이 된다니까요. 저는 당신이 일어날 수 있다고 믿어요. 힘내세요!"

홍 사장은 그때의 기억이 떠오르는지 잠시 생각에 잠겼다가 다시 말을 이어 갔다.

"그때 '당신은 일어날 수 있다고 믿어요' 하는 그 말에 그만 눈물이 왈칵 쏟아지더군요. 그래서 '다시 한번 시작해보자'라는 마음을 갖게 되었지요. 진짜 그 말 한마디 때문에 살았어요. 그래서 거래하던 회사들을 직접 찾아가 일일이 회사의 형편을 설명하고 다시 일어날 수 있도록 믿고 기다려달라고 했지요. 모두 집으로 초대해서 없는 형편에도 극진히 식사 대접을 하니, 그들도 감동을 받았는지 저희를 위로하고 가더라고요. 은행 대출 또한 쉽지 않았지만 그동안의 신용을 토대로 다시 일어설 수 있었고 빚을 모두 갚았어요. 나중에 또 한 번 불이 났는데 그때는 이전 화재에 비하면 큰 피해는 없었지요. 그때도 집사람이 배포 있게 '여보, 이게 마지막 불이에요. 힘내요!' 하더군요. 저는 더 이상 우리 공장에 불이 안 난다고 믿어요."

홍 사장의 이야기를 듣고 나니 그의 아내가 말로 사업을 돕고 있다는 얘기가 이해됐다. 그의 아내는 코칭을 모르면서도 남편에게 훌륭한 코칭을 하고 있었던 것이다. 나는 홍 사장에게 정말 지혜로운 코치형 아내를 둔 것 같다고 칭찬하며 나머지 코칭을 진행했다. 몇 달 전 오랜만에 홍 사장의 기분 좋은 목소리를 들을 수 있었다. 공중파 방송에 '불황기를 이겨낸 성공기업'으로 출연해 인터뷰를 하게 되었다며 소식을 전해온 것이다.

"당신이라면 잘 이겨낼 수 있어요"

홍 사장의 아내에게는 '말의 힘'을 아는 지혜가 있었던 것 같다. 코칭을 할수록 말 한마디의 힘이 실로 엄청나다는 것을 종종 느낀다. 어쩌면 우리가 지금 누리는 편리함도 '말 한마디의 힘'으로부터 왔는지 모른다.

발명 왕 토마스 에디슨Thomas Alva Edison과 자동차 왕 헨리 포드Henry Ford는 각자의 업적으로도 잘 알려져 있지만, 16살이라는 나이 차이에도 아름다운 우정을 쌓았던 것으로 유명하다. 헨리 포드는 디트로이트에 있던 에디슨의 전기회사에서 일하며 자동차에 대한 꿈을 키워나갔다. 이후 포드는 전기회사를 그만두고 자동차회사를 설립했지만 파산으로 문을 닫아야 했고, 성공 전까지 많은 어려움을 겪었다. 이후 포드는 큰 성공을 거두고 나서 "에디슨의 한마디가 오늘의 나를 있게 했다"라고 이야기했다. 에디슨은 어려움을 만나 힘들어하던 포드가 찾아올 때마다 격려의 말을 해줬던 것이다.

"포기하지 말게. 나는 자네가 반드시 성공할 거라고 믿네. 자동차는 획기적인 혁명을 가져올 거야."

에디슨의 말처럼 포드가 발명한 자동차는 인류 전체에 획기적인 혁명이었다. 이처럼 우리가 누군가에게 하는 한마디 말이 획기적인 혁명을 가져올지도 모르는 일이다.

홍 사장과 코칭을 하며 '말의 힘'도 느꼈지만 'CEO에게 가장 훌륭한 파트너는 역시 가족이다'라는 생각을 다시금 하게 되었다. 기업의 뿌리는 가족이다. 가족이 건강해야 기업 구성원들이 자신의 잠재력을 발휘하며 제대로 일할 수 있다. 기업 성장의 원동력이 가족의 힘에서 나온다는 사실을 간과해서는 안 된다.

홍 사장의 사례를 통해 CEO 배우자의 역할 또한 경영의 보이지 않는 원동력이 됨을 살펴볼 수 있다. 홍 사장은 지금도 힘들 때면 어려웠던 시기를 잘 극복할 수 있도록 도와주었던 부인의 말을 되새긴다고 한다.

코치의 역할도 이와 같다. 상담, 컨설팅, 멘토링 등의 영역과 코칭의 가장 큰 차이점은 '코치와 피코치의 관계성'이다. 다른 영역의 관계, 즉 '상담가 – 내담자', '컨설턴트 – 고객', '멘토 – 멘티'의 관계는 전문가가 비전문가에게 답을 주는 수직관계다. 하지만 코칭은 코치가 피코치로 하여금 스스로 답을 찾도록 하며, 두 사람의 관계는 수평을 이룬다. 리더와 팔로워가 존재하지 않는 동등한 관계, 파트너십을 이루는 관계다. 가정이면 가정, 회사면 회사, 혹은 기타 다른 공동체와 조직에서 서로가 최고의 파트너, 코치가 되어준다면 천군만마를 얻은 것보다 더 든든할 것이다.

"당신이라면 잘 이겨낼 수 있다"라는 말은 홍 사장뿐만 아니라 이 글을 읽고 있는 모든 독자들에게도 해당되는 말일 것이다.

지금 회사가 힘들어서 고민하고 있다면 이 말을 되새겨 볼 필요가 있다.

"당신이라면 잘 이겨낼 수 있습니다."

Self Coaching

주변 사람이 힘든 상황에 놓여 있다면
이렇게 용기를 북돋아주면 어떨까?
"당신이라면 잘 이겨낼 수 있습니다."

"왜 모두 저한테 돌을 던지나요?"
가깝고도 먼 CEO의 배우자

모든 사람은 이것이든 저것이든 하나를 선택한다.
그리고 그것에 대하여 책임을 져야 한다.
_T. S. 엘리엇

"아, 나 참…. 내가 왜 이런 곳에 와야 해? 멀쩡한 사람 의심하고 말이야. 아침 회의 시간 늦었는데…. 지금 비서들 기다리잖아!"

코칭 연구소 문 밖에서 큰 소리가 들려 나가 보았더니 풍채 좋은 신사 한 분이 내게 코칭 받고 있는 여성 고객인 정 사모와 실랑이를 벌이고 있었다. 옆에는 비서처럼 보이는, 양복을 입은 두 남성이 난감한 표정을 짓고 서있었다.

"아. 허 회장님이시군요. 바쁜 시간에 이렇게 와주셔서 감사드립니다. 오늘 무척 바쁘신 것 같은데 다음에 편한 시간에 방문해주시는 게 좋겠습니다."

"나 살다 살다 참. 여편네 때문에 내가 아주 골치가 아파요. 아무 문제가 없는 사람한테 죄를 뒤집어씌우고 바쁜 사람 바짓가랑이 잡고 출근도 못하게 하니 나 원 참. 이봐, 김 비서! 오늘 회의 30분 늦추라고 해."

나는 허 회장에게 바쁘면 다음에 보는 것이 좋겠다고 거듭 이야기했지만, 그는 이왕 왔으니 자신이 하고 싶은 말을 다 하고 가겠노라고 했다. 나는 정 사모를 밖에서 잠깐 기다리게 하고 허 회장을 상담실로 오게 했다.

"저는요, 이런 데는 처음 와봤습니다. 소문이라도 나 봐요. 우리 회사 직원들 보기도 창피하고. 내가 안 오려고 했는데 그러면 또 우리 집사람한테 계속 시달리니까 어쩔 수 없이 따라왔어요."

"네, 무척 어려운 발걸음인데 사모님을 생각해서 와주신 거 정말 훌륭하십니다. 혹시 사모님이 왜 회장님을 이곳에 모시고 오셨는지 알고 계시는지요?"

"나 원 참…. 다 늙어서 이혼 문제 상의하려고 데려 왔겠지요. 우리 집사람이 저를 말도 안 되는 일로 의심을 해서 미치겠어요. 나는 아니라고 하는데 자꾸 회사로 전화를 하고, 부하들 보기도 창피한데 이 상황에서 집사람이 자꾸 이혼을 하자고 하니 어처구니가 없어요. 제가 박사님께 부탁드리고 싶은 것은 우리 집사람 의심병에서 좀 벗어날 수 있도록 도와주세요. 얼마나 의심병이 심하면 아침에 출근하는 저를 붙잡고 회사도 늦게 만들겠어요. 이게 제 정신입니까? 지금 집사람 상태가 아주 심각하다니까요."

갑자기 '똑똑' 하고 노크 소리가 들리더니 정 사모가 들어왔다.

"지금 시간이 없으니까 당신 다음에 다시 얘기해요. 내가 공연히 당

신을 의심하겠어요? 선생님! 저는 평생 이 사람을 위해 희생만 강요당
하고 살아온 사람이에요. 흑흑."

"자, 두 분 진정하시고 오늘은 허 회장님께서 중요한 회의도 있으시
고 하니까 다음에 다시 약속을 잡으셔서 부부코칭을 받으시면 좋겠습
니다. 허 회장님께서 편한 일정을 비서님 통해 전달해주시면 두 분 코
칭 시간을 정해보겠습니다."

"누구 때문에 회장 자리까지 올라갔는데요!"

허 회장은 한숨을 쉬더니 일어나 대기하고 있던 비서들을 데리고 연
구소를 나갔다. 허 회장이 자리를 뜨자마자 정 사모가 이야기하기 시
작했다.

"방금도 보세요. 자기 문제가 뭔지 전혀 모른다니까요? 저한테만
문제가 있다고 늘어놓을 게 뻔해서 제가 아까 기다리다 못해 들어온
거예요."

억울함에 흥분하여 씩씩대던 정 사모는 잠시 숨을 고르더니 말을
이어갔다.

"제가 공연히 남편을 의심하겠어요? 정말 제가 남편을 여기까지 끌
고 오게 될 줄은 몰랐어요. 저는 지금까지 남편과 애들만 바라보고 살
아온 사람이에요, 진짜. 어떻게 지금의 회장 자리까지 올라갔는데요?
누구 땜에 올라갔는데요? 2년 전부터 남편이 제게 자꾸 거짓말을 하
는 게 느껴졌어요. 해외 출장을 다녀왔는데 출장 가방을 열어보니 이

상한 낌새가 느껴졌어요. 왜 있잖아요. 증거가 없으니까 확실하지는 않지만, 여자들에게 있는 직감. 남편은 펄쩍 뛰고 아니라고 변명하지만 저는 남편을 믿지 못하겠어요. 실은 젊었을 때도 한 번 실수한 게 있거든요. 제가 그때 너무 큰 충격을 받았어요. 그때도 이혼하고 싶었는데 애들 불쌍해서 참았지요. 근데 이젠 애들도 다 커서 출가시켰고 더 이상 예전처럼 참고 살고 싶지 않아요."

정 사모는 남편 문제로 코칭 받고 있었는데, 예고 없이 남편을 연구소로 데리고 온 것이다. 평소 차분하고 기품 있어 보이는 그녀가 갑작스럽게 남편을 연구소에 데리고 온 모습을 보며 그녀의 마음이 많이 불안정한 상태임을 짐작할 수 있었다. 정 사모는 요즘 억울한 마음에 잠도 설치고 우울증이 생긴 것은 아닌지 걱정까지 된다고 하였다. 나는 먼저 정 사모에게 코칭을 진행하고 코칭 세션 중간마다 허 회장과 시간을 맞추어 함께 부부코칭을 진행하면 좋을 것 같다고 권했다. 일단 부인에게 하고 싶은 말을 모두 해보라고 이야기했더니, 그녀는 결혼 생활의 모든 것을 쏟아내기 시작했다.

"저희 시어머니 혼자 되시고 돌아가시기 직전까지 제가 모셨어요. 시어머니도 한 성격하셨는데 그것도 다 참아내고…. 남편 수발을 저만큼 한 사람이 조선 천지에 또 있을까요? 남편이 멀쩡히 다니던 회사를 그만두고 사업을 시작할 때 온 집안 식구들이 나서서 말렸어요. 그런데 밑도 끝도 없이 자금을 투자해서 친정은 거덜 났고 정말 패가망신할 수도 있는 상황까지 갔었어요. 간신히 해외 사업 문이 열리면서 투자금을 모두 회수할 수 있었고 회사 상장도 해서 지금은 연 매출

8,000억 원 정도의 대규모 회사가 됐지요. 이렇게 성공하기까지 일등 공신이 누구였겠어요? 사업 초반에 남편이 회수금을 못 받으면 제가 거래처로 달려가 사정을 해서 돈을 받아 오고, 회사에 불만을 갖고 있는 사람을 제가 직접 만나 해결한 적도 있었어요. 그렇게 사업을 키우고 회사가 잘 되어가는 걸 보면서 친정에도 빚을 갚았어요. 그런데 회사가 안정되고 잘나가기 시작하자 남편이 글쎄 회사 여직원하고 바람이 났어요. 그때 제가 진짜 휴우…. 둘이 죽고 못사는 관계가 돼버렸는데 제가 회사고 뭐고 다 뒤집어놓고 두 사람 법정에 세우려고 했어요. 근데 애들 장래를 생각해서 참고 또 참았죠. 남편이 나중에 죽을 죄를 졌다고, 용서해 달라고 싹싹 빌었지만 마음을 회복하기까지 오랜 시간이 걸렸어요. 어느 순간 남편이 정말로 정신 차린 것 같아 덮어두기로 하고 노년에는 좀 편안하게 살겠다 싶었는데 남편이 언제부터인가 이상한 행동을 하기 시작하잖아요. 핸드폰도 비밀번호를 만들어놓고, 출장을 다녀와서 전화를 하면 건너편에서 여자 목소리가 들려오는 것 같은 거예요. 예전에 충격받은 그 사건이 다시 떠오르면서 불길한 생각이 들었고 이런 남편과는 같이 살고 싶지 않았어요. 평생 남편을 위해 희생한 제 자신이 불쌍하게 여겨져서 이제는 독립하고 싶어요. 아이들도 모두 출가해서 저를 이해해줄 거라고 믿어요."

타임라인을 통해 미래 경험하기

나는 진심으로 그녀의 이야기에 공감해주고 정말 그녀의 판단과 추측

이 맞는지 스스로 확인해볼 수 있는 코칭 스킬을 사용했다. 코칭에서는 시간선이라는 '타임라인time line' 기법이 있다. 이 기술은 마치 기찻길을 걷는 것처럼 미래와 과거로 직접 걸어가보면서 코치의 질문에 답하는 기술이다. 나는 정 사모에게 미래의 시간선으로 걸어가게 하면서 앞으로 예측되는 결과를 직접 그려보도록 했다.

"사모님, 지금 남편 분과 이혼하기를 원하시는데 정말로 이혼을 하게 되면 어떤 상황이 펼쳐질까요? 3년 후의 상황으로 걸어가보시겠어요?"

이혼 후 1년, 2년, 3년 후 시간선을 따라 걸어가던 그녀는 갑자기 눈물을 뚝뚝 흘리더니 크게 울음을 터뜨렸다.

"흑흑흑. 모두들 저에게 돌을 던지겠지요. 이혼녀라고. 주책맞게 그 나이에 이혼할 거면 왜 지금까지 참고 살았냐고 하겠지요? 남편도 저를 죽을 때까지 원망할 거고요. 애들도 좀 더 참고 살지 시댁보기 창피하게 왜 이혼했냐고 그러겠지요. 친구들도…. 그동안 여고 동창회에서 돈 많이 벌었다고 행복한 척, 잘난 척은 혼자 다 하더니 왜 이혼했냐며 뒤에서 흉보겠지요. 제가 피해자인데 왜 모두들 저에게 돌을 던지나요?"

정 사모는 자신이 희생하며 살아온 그동안의 인생이 서러웠는지 큰 소리로 펑펑 울기 시작했다. 나는 잠시 그녀의 기분을 전환시킬 수 있는 질문을 던지고 감정이 진정될 때까지 기다려주었다. 그녀가 다시 평안한 상태가 되었을 때, 이번에는 이혼하지 않았을 때 어떤 상황이 벌어지게 될지 미래의 시간선을 따라 걸어보도록 했다. 이번에는 몇 년 후의 모습을 정해주지 않고 질문했다.

> **코 치** 사모님, 만약 이혼을 하지 않고 산다면 어떤 상황이 전개
> 될까요?

> **정 사모** 만약 이혼을 하지 않는다면 일단 잘 참았다는 생각이 들
> 것 같아요. 어떻게 보면 제 남편도 불쌍한 사람이에요. 제
> 가 보통 여자들보다 예민해서 확실한 증거도 없이 느낌만
> 으로 괴롭혔으니까 많이 괴로웠을 거예요. 제가 좀 더 지
> 혜롭게 행동했더라면, 또 남편을 믿어주었더라면 남편도
> 저를 달리 대했을 텐데, 제가 직감으로만 의심하고 이혼하
> 자고 소리 지르며 막 미친 여자처럼 나오니까 놀랐겠지요.

> **코 치** 그렇군요. 사모님께서 지금 굉장히 중요한 말씀을 하셨어
> 요. 확실한 증거도 없이 느낌만으로 남편 분을 괴롭혔다고
> 말씀하셨는데 여기에 대해 어떻게 생각하세요?

> **정 사모** 네, 맞아요. 제가 증거도 없이 남편을 너무 괴롭혔어요. 남
> 편은 핸드폰 비밀번호를 만든 게 손주들이 할아버지 핸드
> 폰을 함부로 사용해서라고 얘기했어요. 전화 걸려올 때 들
> 린 여자 목소리는 상대방 회사 여직원이고 자신과는 아무
> 관련이 없다고 얘기했지요.

> **코 치** 네. 그렇다면 무슨 이유로 남편 분에게 이혼을 요구하셨는
> 지요?

> **정 사모** 예전에 남편이 실수한 여자 문제, 그때의 악몽이 살아나는

것 같고 늙어서까지 저를 또 고문한다는 생각에 너무 미웠어요. 솔직히 이렇게 다 늙은 나이에 의심하는 것도 웃기지만, 집에서는 안 그러면서 여자들한테 목소리까지 바꿔가며 친절하게 얘기하는 거 볼 때는 정말 피가 거꾸로 솟는 것 같아요.

코 치 많이 힘드셨겠네요. 사모님, 다시 한번 진정하시구요, 사모님께서 이혼하지 않으면 5년 후에 어떤 모습으로 있을까요?

정 사모 아까도 얘기했지만, 제가 잘 참았다는 생각을 할 것 같아요. 남편이랑 여행도 다니고요. 그러고 보니 제가 평생 우상처럼 남편만 바라보고 살았네요. 남편이 인물도 좋고 언변도 좋은데다가 큰 성공까지 했으니 밖에 나가면 여자들한테 인기 있을까봐 늘 걱정돼서 괜히 의심한 것도 있어요. 남편 입장에서는 억울한 것도 많을 거예요. 아까 이혼하면 어떨지 미리 가보니까 이혼하면 결국 제 평생에 또 한을 만드는 거더라고요. 애들도 자기네 인생 잘 살고 있는데, 제가 지들 아버지 의심해서 이혼하고 혼자 살면 편치 않을 거고요. 선생님께서 우리 남편을 좀 만나셔서 의심받을 짓을 하지 말라고 얘기해주시면 안 될까요? 제 속마음은 이혼을 원치 않아요. 암요, 그때 진짜 바람폈을 때도 다 참고 이날까지 살아왔는데 지금 다 늙어서 의심 간다고 이혼하는 건 아닌 거 같네요.

코 치	사모님, 지금 두 길을 걸어보셨어요. 이혼했을 때와 이혼하지 않았을 때 어떤 결과가 예상되는지 그려보셨는데, 사모님이 걸어본 두 길 중에서 앞으로 어떤 길을 선택하고 싶으세요?
정 사모	당장은 화가 나니까 이혼하면 좀 홀가분해질 줄 알았는데, 막상 미래로 걸어가보니까 이건 뭐 지금 고통은 아무것도 아니네요. 이혼하면 점점 더 후회되고 고통스러울 것 같아요. 설령 제가 피해자라고 하더라도 사람들은 제게 돌을 던질 거고요. 이번에 남편과 코칭 받으면서 저도 이제 남편을 놓아주는 연습을 좀 해야겠어요. 지난 번 코칭 때 얘기한 것처럼 봉사활동도 하면서요.

남편에 대한 의심으로 강력하게 이혼을 요구하던 정 사모가 미래를 미리 경험하게 하는 코칭을 받고는 완전히 생각이 바뀌었다.

지금의 결정은 미래에 어떤 결과를 만들 것인가

정 사모와 2회 코칭을 마치고 남편인 허 회장을 만났다. 연구소에 처음 왔던 날의 그 흥분되고 불편한 모습은 전혀 보이지 않았고, 대단히 공손한 모습으로 코칭 질문에 답을 했다.

"그날은 하도 집사람이 황당한 소리를 하고 회사의 중요한 회의로 바빠서 제가 초면에 실수를 많이 했습니다. 요즘 우리 집사람 코칭 받고 아주 좋아졌습니다. 많이 고맙습니다."

"네, 감사합니다. 그런데 혹시 사모님께서 그렇게 힘들어하신 이유를 회장님께서 알고 계시는지요?"

"짐작은 하고 있습니다. 제가 젊었을 때 실수한 것 때문에 집사람이 저를 평생 의심해 왔습니다. 사람이 의심의 눈으로 보기 시작하면 한도 끝도 없는데 자꾸 의심을 해오니 사업하는 사람한테는 치명적이지요. 제 딴에도 집사람 신경 안 쓰이게 한다고 노력하고 오해는 풀어주려고 했습니다. 제가 지금은 사람들이 부러워하는 큰 회사 회장이라고 하지만 우리 집사람 노고 없었으면 택도 없는 얘깁니다. 그런데 남자가 사회 생활하면 사업 관계상 숱하게 여성 분들을 많이 만나게 되지요. 요즘 직장 여성들도 많고… 그걸 어떻게 일일이 다 보고합니까? 한동안 괜찮더니 재작년에 해외출장 다녀온 이후에 아내의 의심병이 도지는 게 느껴졌습니다. 제 생각에는 TV 드라마 탓도 있는 것 같아요. 맨날 무슨 연속극을 그리 보는지. 전화 통화하는 거 보면 상대 쪽에서 '니네 집 서방은 괜찮니?' 하는데 참… 저는 집사람이 핸드폰 얘기를 하도 해서 핸드폰도 바꾸고 비밀번호도 다 없애버리고 손주들한테 못 만지게 단단히 일렀습니다. 이렇게까지 하는데 제가 또 우리 집사람한테 뭘 어찌해야 합니까?"

허 회장은 차분하고 강한 어조로 자신의 진심을 알아달라고 했다. 자신은 정말 오해 살 만한 일을 하지 않았으니 부인에게 자신의 결백을 밝힐 수 있게 도와달라고 했다. 또한 평생 자신만 믿고 따라온 조강지처가 불쌍한 사람이라며 앞으로 더 잘해주고 싶다고 했다. 나는 몇 가지 코칭 질문을 통해 허 회장이 부인에게 의심 갈 만한 행동을 한 것에 대해 스스로 점검해보도록 하였다. 그러면서 허 회장의 '빔어BMIR'와 '눈동자 움직임eye accessing ques'을 관찰했다. 코치는 코칭받는 피코치의 이야기가 진실인지 아닌지를 판단하기 위해 자주 '빔어'와 '눈동자 접근 단서'를 관찰한다. 앞에서도 잠깐 소개했지만, 빔어BMIR는 사람이 내면에서 경험하는 모든 정보가 얼굴 표정이나 자세 등 여러 가지 신체적 언어로 나타나는 증상을 말한다. 이 빔어를 관찰하여 상대방의 숨겨진 마음의 상태를 정확하게 알아내는 코칭 기술을 '캘리브레이션'이라고 한다. 또한 '눈동자 접근 단서'는 상대방 눈동자 움직임을 보고 그 사람의 내적 심리 상태와 정서적 반응을 유추해 진실성을 찾는 기술이다. 눈동자 접근 단서는 고도의 전문훈련 과정을 거쳐 숙련될 수 있다.

코치로서 허 회장을 보았을 때 그가 진실을 이야기하고 있다는 확신이 들었다. 코치로서 마음이 놓이는 순간이었다. 나는 허 회장에게 앞으로 사모님과 어떤 노년을 보내고 싶은지 물었다.

"제가 사는 게 바빠서 우리 집사람과 여행을 제대로 한 적이 없어요. 집사람 무릎이 안 좋아 해외 돌아다니는 것도 힘들어해서 우리나라에 경치 좋은 곳 중 안 가본 곳을 집사람이랑 여행도 좀 하고, 손주들 재롱도 마음껏 즐기고 그렇게 보내고 싶어요. 우리 집사람 잘 부탁합니다."

허 회장과 코칭을 끝내면서 처음 가졌던 선입견을 완전히 벗을 수 있었다. 정 사모의 얼굴을 떠올리니 나도 모르게 입가에 미소가 지어

졌다. 나는 정 사모와 3회 차 코칭에서 허 회장과 코칭했을 때 코치로서 느낀 점들을 솔직하게 나누었다. 그리고 두 사람이 조금씩만 노력하면 행복한 노년기를 보내게 될 것이라고 말했다. 정 사모도 허 회장의 태도가 며칠 새 많이 달라졌다며 자신에게 좀 더 신경을 써주는 것 같아 고맙다고 했다. 나는 정 사모가 관심 분야를 다양화하고 그녀의 삶의 수레바퀴가 균형 있게 돌아갈 수 있도록 코칭 실천 과제를 내주었다. 그녀는 실천 과제로 한 봉사 단체에 가입하여 1주일에 한 번씩 노숙자들을 위한 배식 봉사를 했고 실버 합창단에도 가입했다. 매주 만날 때마다 그녀의 얼굴은 점점 밝아졌다. 예전에는 봉사가 이렇게 큰 기쁨을 주는지 몰랐다고 했다. 본인의 일을 찾으니 남편도 더 편안해하고 부부 사이도 훨씬 좋아지는 것 같다고 했다. 그녀는 코칭 마지막 날 각종 떡을 잔뜩 사가지고 와서 이제 다 해결됐다고 정말 고맙다고 연신 인사를 했다.

나는 그들 부부의 코칭을 8회의 단기 코칭으로 마쳤다. 혹 두 사람 사이에 어려움이 생기면 그때 다시 코칭을 받으러 오라고 했지만 아직까지 오지 않았다. 무소식이 희소식일 것이다.

과거의 안 좋은 기억과 순간의 감정들이 때로는 상대방을 오해하게 할 수도 있고 관계를 악화시킬 수도 있다. 가정에서나 비즈니스 현장에서나 마찬가지다. 중대한 결정을 앞두고 있다면 안 좋은 기억이나 감정에 기대기보다는 좀 더 이성적으로 파급효과를 생각해보아야 한다. 또한 감정의 흐름을 무시하지 말고 불편함 또는 오해를 가지게 된 이유를 살펴 해결할 필요가 있다. 향후 다른 결정에도 영향을 미칠 수 있기 때문이다. 중요한 결정을 앞두고 있다면 스스로에게 아래의 질문을 던져보자.

Self Coaching

"중요한 결정을 내릴 때 내가 가장 중요시하는 기준은 무엇인가?"

"결정을 내리지 못하게 막고 있는 것은 무엇인가?"

"지금의 이 결정이 미래에 어떤 영향을 가져올까?"

"아들을 찾고 있습니다"

김 전무와 다시 찾은 아버지

친절은 결코 헛되지 않는다.

_영국속담

작년 가을, 코칭을 하러 간 회사 앞 벤치에 앉아 잠시 햇볕을 쬐고 있었다. 지나가던 어르신이 내게 다가와 말을 걸었다.

"여기 직원분이신가요?"

"아니요."

"아이고, 이걸 어데 가서 물어봐야 할지…."

"무슨 일로 그러시는지요?"

"이 회사에 우리 아들이 다닌다 해서, 하도 연락이 안 돼서 직접 서울까지 올라왔어요. 안내하는 아가씨한테 이름 대면 들어갈 수 있을 줄 알았는데, 회사가 워낙 크니 같은 이름이 몇이나 있다데요. 아들 부서를 정확히 대라고 하는데 그걸 잘 몰라요. 원체 부서가 많다 보니."

"아드님께 연락해보셨어요?"

"아이고, 그새 핸드폰 번호가 바뀌었는지 연락이 안 돼요. 내가 지 엄마랑 몇 년째 떨어져 살다 보니 아들놈들도 지 애비한테는 연락도 다 끊고요. 죽었는지 살았는지…."

"아들 한번 만나게 해주세요"

나는 상황을 대략 파악하고서 아들을 찾아주기 위해 어르신을 모시고 안내데스크로 갔다.

"안녕하세요? 이 분이 아드님을 찾고 있는데요, 부서를 잘 모르신 다고 하는데 연결이 어려울까요?"

"네, 어르신께서 조금 전에 오셔서 계속 똑같은 말만 하시다 가셨어 요. 일단 아드님 이름인 '김영득'과 동일한 이름을 가진 분이 저희 회사 에 세 분이나 계세요. 업무 중에 그분들께 일일이 확인해보기도 어렵 고요. 개인정보를 통해 확인을 해도 미리 방문 예약이 되어 있지 않으 면 회사 내 직원 면담이 어렵습니다. 저희 회사 규정이기 때문입니다."

"네, 회사 규정을 충분히 이해합니다만 지금 어르신이 아드님을 만 나려고 시골에서 힘들게 올라오신 것 같은데 조금만 수고를 해주시면 어떨까요?"

"죄송하지만, 회사 규정이기 때문에 저희도 임의로 조치를 취할 수 가 없게 되어 있습니다."

회사 규정만 언급하는 여직원에게 답답함을 느꼈다. 아들과 오랫동 안 연락을 못한 채, 얼마나 걱정이 됐으면 이렇게 무작정 회사까지 찾아왔을까? 그 어르신이 자신의 아버지라 해도 저렇게 회사 규정만 내세웠을까 생각하니 속상한 마음이 들었다. 다시 한번 안내원에게 가서 강하게 설득해봤지만 자기들도 난감하다며 근무 원칙만 반복해서 이야기했다. 안내데스크 직원들의 융통성이 아쉬웠다. 회사 안내데스크 직원들은 그 회사의 첫인상을 결정하기 때문에 친절은 기본이고 상황에 맞는 융통성이 절대적으로 필요하다. 방문객들은 그들을 보고 회사에 친근감을 갖게 된다. 아무리 병을 잘 고치는 의사가 있더라도 간호사나 직원이 불친절하면 그 병원에 가는 것이 머뭇거려지는 것과 같은 맥락이다. 어떻게 해야 할지 고민하는 사이에 그 회사 사장과의 코칭 시간이 다되어 신분증을 안내데스크에 맡기고 사장실로 올라가야 했다.

"저, 어르신 어쩌지요? 제가 시간이 다 되어서 회사 안으로 들어가 봐야 해서요."

"괜찮습니다. 회사법이 그렇다 카믄 어쩔 수 없지요. 여기서 퇴근시간까지 기다려 볼랍니다."

"네? 퇴근시간까지 기다리신다구요? 문이 여러 개라 만나기가 어려우실 텐데요. 아드님이 지하 주차장으로 나갈 수도 있고요."

"괜찮십니더. 오늘 꼭 만날 거라는 기대는 안하고 왔습니더. 저기 의자에 앉아 담배 한 대 피면서 기다려 보지요."

나는 마음에 짐 덩어리 하나를 얹어 놓은 것 같은 기분으로 엘리베이터를 타고 사장실에 올라갔다.

"코치님 안녕하세요? 오늘따라 사장님 회의가 좀 길어지네요. 죄송

한데 잠시 접견실에서 기다려주시겠어요?"

비서의 안내로 접견실에 앉아 있었는데, 기다리는 시간이 너무 길게 느껴졌다. 그 어르신의 초라한 행색과 삶에 찌든 눈빛이 자꾸 아른거렸고 아들을 찾아줘야만 마음이 편해질 것 같았다.

도움을 필요로 하는 사람은 없는가

두 번째 코칭 시간이긴 했지만, 박 사장이 코칭 주제를 꺼내기 전에 조금 전 겪은 일을 이야기해야 할 것 같았다. 드디어 회의가 끝나고 박 사장과 만나게 되었다. 오래 기다리게 해서 죄송하다고 인사하는 박 사장에게 짧게 인사를 건넨 후 조금 전 있었던 일을 간단하게 전했다.

"그런 일이 있으셨어요? 제가 워낙 '원칙주의자'이다 보니까 우리 직원들이 상황 판단력이 조금 부족합니다. 원칙을 내세울 때와 아닐 때를 잘 구별을 못해요. 잠시만요."

박 사장은 비서를 통해 남자 직원 한 명을 불러 지시를 내렸다.

"그 어르신 아직 밖에 계신지 확인해보고 어떻게든 아들과 빨리 만나게 해드려."

나는 사장님께 거듭 감사의 인사를 전하고 마음 편히 코칭을 진행했다. 코칭을 마치고 나오니 비서가 "그 어르신께서 아드님을 찾으셨다"라고 전해주었다. 마치 내 일처럼 정말 기쁘고 감사했다. 1주일 후 세 번째 코칭을 하기 위해 그 회사를 갔을 때 박 사장의 표정이 무척 밝았다.

"서 코치님, 지난번에 큰 일 하셨어요."

"네? 무슨 일을 말씀하시는지요?"

"지난번 아들 찾으러 오셨다는 어르신 있었잖아요. 그분 우리 회사 김 전무 아버님이셨어요. 김 전무 집안 사연이 좀 복잡하더라고요. 그 아버지가 몇 년 전에 큰 태풍 피해로 농사를 망치고 빚을 많이 지셨대요. 그 뒤로 집을 나가 몇 년째 소식이 끊겨 경찰에 실종신고까지 했었다네요. 오늘 코칭 끝나고 김 전무가 인사드린다고 하니 잠깐 만나고 가세요."

그 회사의 전무라면 상당한 직위인데, 아버지와 몇 년째 연락이 끊겼다는 사실이 놀라웠다. 어쨌든 실종신고를 한 사람을 만나게 되었으니 다행스러웠고 감사했다. 나는 박 사장과 코칭을 마치고 김 전무를 만났다.

"코치님, 안녕하십니까? 김영득 전무입니다. 아버지를 만나게 해주셔서 정말 감사드립니다."

"아닙니다. 제가 만나게 해드린 것은 아니고 박 사장님이 지시를 내려서 찾게 된 거예요."

"어쨌든 코치님께서 저희 아버지 얘기를 사장님께 전해주셨으니 만나게 된 거지요. 정말 감사드립니다."

김 전무는 인사를 전한 후, 자신의 아버지 이야기를 들려주었다.

"저희 아버지는 평생 제주도에서 과일농사 지으시며 자식들을 공부시켰습니다. 농장이 워낙 어렵다 보니 평생 빚을 지고 또 빚을 지고…. 그렇게 농사일을 해왔지요. 저도 서울에 올라와 힘들게 학비를 벌어 대학을 마치고 이 회사에 입사했습니다. 운이 좋아서 임원까지 되었지만, 늘 동생들 학비에 결혼 자금에 부모님 생활비까지 보태 드리다보니 평생 집사람 불만이 그치질 않았어요. 그래도 부모님 건강하시고 동생들도 자기네 살 길 찾아서 어느 정도 장남으로서의 도리는 다 했다고 생각했어요. 그러다 2007년도에 태풍 '나리'가 와서 농장이 쑥대밭이 되었지요. 빚이 수억대로 크게 늘고 아버지가 어머니와도 매일 같이 싸우시더니 어느날 아버지께서 자식들 볼 면목 없다며 그냥 집을 나가버리셨죠. 저희가 그동안 안 찾은 데가 없고 나중에는 실종신고까지 했는데 지금까지 연락이 없으시다가 지난주에 갑자기 나타나신 거예요."

나는 김 전무에게 처음 만난 자리에서 본인의 이야기를 솔직하게 들려준 것에 대해 고마움을 전하고 끝까지 이야기를 들어보았다.

"지난주에 아버지가 저를 만나러 왔다는 얘기를 듣고 곧바로 로비로 뛰어 내려갔어요. 아버지가 서 계시는데 너무나 야윈 모습을 보니 그동안의 걱정과 섭섭함이 한 순간에 다 날아가더라고요. 아버지는 본인이 어떻게 지내셨는지 얘기해주셨어요."

김 전무의 아버지는 태풍 피해를 겪고 평생 자식들에게 아버지 노릇 한번 변변히 하지 못하는 자신의 신세가 딱하게 여겨져, 죽을 결심을 하고 섬에서 나가는 배를 탔다고 한다. 그런데 배에서 친구를 만난 것이다. 그 친구가 "자식들한테 빚 떠안기고 죽지 말고 빚을 조금이라도 갚고 죽으라"고 얘기해 마음을 고쳐 먹고 부산으로 갔다. 처음에는 자식들에게 연락을 하려고 했는데 하루 이틀 시간이 지나 노숙자가 되어버려 미안한 마음에 더 연락을 할 수 없었던 것이다. 그 시간이 무려 6년이라 하니 참 놀라운 이야기였다. 이렇게 큰 회사에 다른 이들이 부러워하는 전무 자리에 있으면서도 아버지를 찾지 못해 늘 마음이 편치 않았을 김 전무가 한편으로는 측은하게 느껴졌다.

"전무님, 아버님은 지금 어디에 계신가요?"

"저희 집에 계시다가 주말에 어머니 집에 모셔다 드렸어요. 동생 가족들도 모두 죽은 아버지가 다시 살아왔다고 기뻐했어요. 다만 어머니는 충격이 크셨던 터라 아직도 좀 냉랭하시네요."

잠시 표정이 어두워진 김 전무가 다시 말을 이었다.

"아버님이 회사로 찾아오신 날 이런저런 얘기를 나눴는데, 마치 마지막으로 어떤 결심을 하고 저를 만나러 온 것 같았어요. 죽기 전에 아들 얼굴 한번 보려고 오신 거지요. 그날 보셨겠지만 행색도 너무 초라하고 수중에 돈 한 푼 없으시더라고요. 초면에 부끄럽지만, 아버지를 만나게 해주셔서 다시 한번 감사드립니다."

"말씀 드렸듯이 제가 한 것은 없고 박 사장님이 지시를 내려주신 덕분에 찾게 된 거예요."

김 전무를 만나고 돌아오면서 많은 생각들이 스쳐 지나갔다.

'박 사장이 그날 내 얘기를 대수롭지 않게 여기고 지나쳤다면 어떻게 되었을까? 그날 그 어르신이 아드님을 만나지 못했다면 그 가족은 앞으로 어떻게 되었을까?'

이후 나는 박 사장과 12회의 코칭을 잘 마무리했다. 코칭 마지막 날 코칭에 대한 전체 피드백을 하고 나서 마지막 인사를 할 때 나는 박 사장에게 이렇게 말했다.

"그때 박 사장님의 작은 배려가 절망적인 한 사람의 생명을 살렸어요. 앞으로도 사람 살리는 훌륭한 CEO가 되세요."

Self Coaching

"나에게 가장 중요한 것은 무엇인가?"

"내가 지금 놓치고 있는 것은 무엇인가?"

"나의 도움을 필요로 하는 사람은 누구인가?"

"아버지라는 걸 잊고 살았습니다"

100점 CEO, 0점 아버지

세상에는 여러 가지 기쁨이 있지만,
그 가운데 가장 빛나는 기쁨은 가정의 웃음이다.
_요한 하인리히 페스탈로치

회사에서는 CEO라는 직함을 달고 있는 이들도 가정으로 돌아가면 평범한 아버지요, 어머니다. 결혼을 하지 않은 CEO일지라도 한 가정의 구성원일 것이다. 코칭을 하다보면 피코치 한 사람만으로 코칭이 끝나지 않고 가족 코칭으로 이어지는 경우가 있다. 특히 CEO의 배우자, 부모와 자녀 간 문제는 때로 조직 전체에 영향을 미치기도 한다. 때문에 필요에 따라서 CEO코칭에서 라이프코칭을 다루기도 한다.

"서 코치님! 우리 아이 코칭 좀 꼭 해주십시오!"

2012년 3월 새 학기를 앞두고 한 회장이 전화를 해왔다. 평소 코칭을 하며 들어왔던 차분한 목소리와 다르게 수화기 너머로 급하고 긴장된 목소리가 들려왔다. '어떤 상황이기에 이렇게 다급하게 전화를 했을까?' 궁금했는데, 알고 보니 고등학생인 한 회장의 둘째 아들 진우가 자살을 시도했다는 것이다. 한 회장은 "아이가 바로 응급실로 실려 갔는데, 병원에서 안정을 취하고 나면 코칭을 꼭 좀 해달라"고 내게 간곡히 부탁했다. 자살 시도를 하고 응급실까지 갔다고 해서 아이의 정서가 매우 불안정할 것이라 생각했는데, 만나보니 의외로 담담한 모습이었다.

"저는 가족 안에서 보이지 않는 투명인간이에요"

진우는 이제 막 고등학교 2학년이 된 아이었다. 인사를 나누고 마주 앉았는데, 진우가 갑자기 하염없이 눈물을 흘렸다. 진우의 자살 시도가 처음이 아니라고 들었기에 다소 심각한 상황이라 생각됐고, 그만큼 아이를 돕고 싶은 마음도 간절했다. 일단 시간을 가지고 진우의 감정이 가라앉을 때까지 기다려주었다. 어느 정도 시간이 흐른 후 분위기 전환을 위해 진우에게 코칭에 대해 간단히 설명해주며 "지금 우리가 나누는 대화에 대해 걱정하거나 불안해하지 말고, 진우가 마음을 열어주면 좋겠다"라고 이야기했다. 진우는 눈물을 닦으며 연신 고개를 끄덕였다. 진우에게 본인 소개를 부탁하자 이런 말을 했다.

"아버지는 일류대학을 졸업한 성공한 CEO고요, 바로 위에 형도 아버지처럼 S대를 다니고 있어요. 우리 가족은 되게 '빵빵한 가족'이에요."

"그렇구나. 그럼 진우는?"

"저요? 저는 빵빵한 가족 안에 들어 있는 '보이지 않는 투명인간'이에요."

"왜 투명인간이라고 생각하는지 얘기해줄 수 있니?"

"우리 집은 원래 그래요. 장남인 형한테 모든 게 집중되어 있어요. 저는 아직 어리고 그저 공부만 잘해주면 되는 그런 존재 같아요. 뭐랄까, 있어도 없는 사람?"

코칭을 할 때 상처가 깊거나 심리치료가 필요한 경계선에 있는 아동, 청소년의 경우 나는 상담과 코칭의 통합적 적용을 실시한다. 필요 시 아이의 자존감이나 자기 인식 정도를 확인해보기 위해 집, 나무, 인물을 그려 보도록 하는 HTP House-Tree-Person 검사를 실시하기도 한다. 자화상이나 가족의 모습을 그리게 하고 자기가 누군지, 어떤 생각을 하는 사람인지 묻는다. 이때 아이의 대답을 듣고 나면 그 아이의 자존감 상태가 어떠한지 대략 파악할 수 있다. 아이들에게 가족 그림을 그리게 하고 이름을 짓게 하면 기발하고 재미있는 제목들이 많이 나온다. 아이들이 붙인 가족 그림의 제목만 듣고도 그 집안의 정서적인 분위기를 한순간에 읽어낼 수 있다. 주로 행복한 가정 분위기 속에서 자라는 아이들은 '웃음꽃이 피는 우리 가족', '즐거운 우리 가족', '노래하는 우리 가족' 등 긍정적인 제목을 짓지만, 문제가 있어 찾아온 경우에는 제목부터 어둡다. '말이 없는 우리 가족', '너무 바쁜 우리 가족', '깜깜한 우리 가족', '따로따로 우리 가족', '매 맞는 우리 가족(남편의 구타와 자녀 폭행)'과 같이 한눈에도 문제를 알 수 있을 정도다.

진우에게도 첫 코칭 시간에 가족 그림을 그리게 하고 제목을 붙여 보도록 했다. 그랬더니 '숨기는 우리 가족'이라는 제목을 지었다. 무엇을 숨기는지 물었더니 "아버지는 엄마한테 숨기고, 엄마는 아버지와 우리한테 숨기고, 또 형은 나와 부모님에게 숨기고, 자신은 부모와 형에게 숨긴다"라고 했다. 숨기는 내용을 구체적으로 이야기해볼 수 있겠냐고 물었더니 한동안 말을 하지 않았다. 가족 모두가 비밀을 가지고 있다고 했다. 그러면서 다음과 같은 말을 했다.

"제가 어릴 때 할머니가 회장은 원래 골치 아픈 일이 많아서 자주 외박을 하는 거라고 그러셨어요. 할아버지도 예전에 회장하실 때 늦게 들어오시거나 외박을 자주 하셨거든요. 아버지가 새벽이 다되어 늦게 들어오시거나 외박을 하시면 엄마는 그때마다 예민해지고 화를 내곤 했어요. 저는 아버지가 열심히 일해서 지금 그 위치까지 갔다고 생각해요. 그런데 아버지가 일 때문에 늦는 줄 알았는데 알고 보니 외박하시면서 사람들과 술 마시고 여자랑…."

진우는 심호흡을 크게 한 번 하고 다시 말을 이어 갔다.

"아버지는 제가 어려서 그런 거 모르시는 줄 아시는데 저도 다 알거든요. 엄마는 그런 아버지를 맨날 저주했는데 이제는 체념하고 살아요. 저도 그런 아버지가 너무 싫었어요. 엄마가 아버지 때문에 우울증으로 힘들어할 때도 아버지는 늘 술과 외박으로 가정에 소홀했어요. 저에게 관심을 가진 적도 없고요. 형이 S대에 간 것도 모두 엄마 치맛바람 덕분이에요. 엄마가 형 초등학교 때부터 온갖 과외를 다 시키고 아버지께 못받은 사랑 형한테 다 쏟아부었거든요. 근데 형은 대학교 들어가고 나서 엄마와 사이도 멀어지고 형 일로 바빠졌어요. 우리 엄마는 식구들 모두에게 왕따예요."

나는 한 회장의 반듯한 이미지와 상반되는 진우의 이야기를 듣고 내심 놀라웠다. 어쨌든 진우에게 자살 시도의 궁극적인 원인이 무엇인지 다시 물어보았다.

"아버지는 성공한 사람이라고 인정받고 많은 사람들에게 존경받지만, 제가 볼 때는 다 위선이거든요. 엄마를 병들게 한 장본인이에요. 엄마가 너무 불쌍해요. 얼마 전 아버지가 저에게 관심을 가져주는 척하면서 성적이 왜 이 모양이냐고 야단을 치셨어요. 언제 가족들한테 신경이나 썼냐고요! 제가 '아버지가 저한테 해준 게 뭐가 있는데요?' 하며 대들었더니 저를 마구 두들겨 팼어요. 평소에는 일류대 나왔다고 맨날 자랑하더니 집에서는 폭군이고 위선자예요. 공부 잘하면 뭐해요? 회장이면 뭐해요? 가족들에게 맨날 상처만 주는데…. 학교도 재미없고, 엄마는 아버지께 늘 당하기만 하고…. 아버지만 생각하면 화가 나서 견디기가 힘들어요. 그래서 차라리 죽는 게 더 편하겠다는 생각이 들었어요."

진우의 자살 시도가 결국 아버지에게서 비롯된 것임을 알 수 있었다. 나는 진우에게 자신의 그런 행동에 대해 어떻게 생각하는지 물어보았다.

"솔직히 처음에는 겁이 많이 났어요. 그런데 죽으면 그냥 끝나는 거잖아요. 더 이상 생각할 필요도 없고 걱정도 없고 그냥 자면 되니까."

나는 진우의 힘들었던 마음을 위로해주고, 자신의 생각이 정말 옳은지 스스로 점검할 수 있도록 몇 가지 질문을 던졌다. 특히 죽음에 대해서 진지하게 생각할 수 있는 질문을 던졌다. 진우와 질문과 답을 주고받으며 죽음을 너무나 가볍게 여기고 있음을 알게 되었고, 다시 자살 시도를 할 위험이 높다고 판단되어 한 회장 부부와 급히 면담을 했다.

한 회장 부인 역시 남편으로 인해 장기간 우울증으로 고생하고 있었다. 이들 모자에게 나타난 문제의 원인이 결국 한 회장에게 있었기 때문에 한 회장도 코칭이 필요했다. 그동안 한 회장과 회사의 성과 창출이나 리더십, 부하직원들의 역량 개발 등 비즈니스코칭 영역만을 다뤄왔는데, 아들 문제로 인해 라이프코칭 영역인 부모-자녀 관계코칭에 들어가게 되었다. 그런데 본인의 사회적인 체면과 지위를 생각해서인지 아들 문제에 대한 질문에 자꾸 변명을 늘어놓거나 회피하고 있다는 느낌이 들었다. 병원 측에서는 진우의 심리적 안정을 위해 신경과 치료도 함께 병행할 것을 권유한 상황이었다. 나는 한 회장에게 "회사 CEO와 코치로서 만나고 있다는 생각을 버리고 한 아이의 아버지로서 진실하게 협조해주셔야 모두에게 도움이 된다"는 것을 재차 확인시켰다.

가족에게 웃음을 주는 사람인가, 상처를 주는 사람인가?

한 시간 동안 진행되는 코칭을 통해 한 회장은 "아버지로서 제가 어떤 모습이었는지 진지하게 생각해보게 되었습니다"라고 했다.

"우리 세대 혹은 아버지 세대의 남자들이 직장 생활을 하면서 한번쯤 밖으로 눈 돌리지 않는 사람이 있는지 모르겠네요. 우리 세대는 아버지들이 모두 자식들을 돌보지 않고 키웠어도 다들 알아서 잘 컸는데, 왜 우리 집사람과 자식은 유별나게 탈도 많고 나를 비난하는지 모르겠어요."

한 회장의 생각이 옳은지 스스로 판단할 수 있도록 '메타모델 위반 분석' 질문을 던져보기로 했다. 이 질문은 피코치가 어떤 사실 정보를 왜곡하고 있거나 부분적인 사실을 전체로 일반화하여 생각하는 경우, 사실 정보를 분명하게 알 수 있도록 직면요법이나 구체적인 질문을 사용하는 기술이다. 이 질문은 고객과의 충분한 라포가 형성되지 않은 상태에서 사용하면 자칫 비난처럼 느껴질 수 있기 때문에 코치는 이 기술을 사용할 때 신중할 필요가 있다.

"모든 남자들이라고 하셨지요? 여기서 모두는 누구를 말하는 겁니까?"

"밖으로 눈 돌리지 않는 사람은 없다는 건 누구의 생각입니까?"

"우리 세대의 아버지들이 모두 자식들을 돌보지 않고 키웠다고 하셨는데, 구체적인 사실적 근거가 있는지요?"

자기 인식과 직면하도록 하는 질문들이 강하게 느껴졌는지 한 회장은 약간 주춤하는 것 같았다. 한동안 말이 없던 그가 이윽고 대답을 했다.

한 회장   어쩌면 제 생각을 합리화하기 위해서 다른 사람들도 다 그렇다고 얘기했는지도 모르겠습니다. 저는 일찍부터 사업에 눈을 떴습니다. 아버지가 이북에서 혈혈단신으로 내려와 온갖 고생을 하며 일군 회사라 애착이 많았어요.

코치   아버님이 고생하며 일군 회사라 더 그러셨겠어요.

한 회장   네, 저희 아버지 고향이 평양 밑에 있는 송림이라는 곳입니다. 아버지는 어머니와 결혼하고 저를 낳고 나서야 이곳에 가족이 생겼지요. 그래도 북에 있는 가족을 늘 그리워했어요. 아무튼 저는 남한에서 아버지의 유일한 혈육이니 기대가 크셨고 그래서인지 일찍 회사 일을 맡기셨어요. 코치님은 남자들만의 비즈니스 세계를 잘 이해하지 못할 수도 있는데, 남자들은 술자리를 갖지 않으면 사업을 할 수가 없어요. 술과 골프는 가장 기본적인 비즈니스지요. 사업상 술 한 잔 하다 보면 옆에 여자도 있고 한두 잔 하다 보면 취하게 되고 그러다 보면 외박도 하게 되고…. 그렇지만, 저는 그걸로 끝이었어요. 사내가 여자 문제로 회사에 피해를 줘서도 안 되고 또 가정을 파괴할 생각은 그때나 지금이나 조금도 없거든요. 근데 우리 집사람이 너무 예민하게 반응하는 거예요.

코치   사모님과는 어떻게 만나셨어요?

한 회장   우리 집사람과는 중매로 만났어요. 그 당시 아버지와 사업 파트너였던 사장님의 딸을 소개받았는데 그 사람이 지금의 아내지요. 결혼 후 아내는 늘 바쁜 제게 불만이 많았지만, 큰 애를 잘 키웠고 작은 아들 녀석도 별 문제가 없다고 생각했어요. 이번 일이 터지고나니 제가 그동안 가정을 너무 방치한 것 같아 코치님께도 너무 부끄럽습니다.

코치 오히려 한 회장님이 제게 솔직하게 얘기해주셔서 감사해요. 이번 일을 계기로 작은 아드님을 더 잘 이해할 수 있는 시간이 될 거라 생각합니다.

한 회장 감사합니다. 저희 가족이 저 때문에 병이 든 건 사실이에요. 저도 이번 기회에 가족들을 위해 뭔가 변화를 시도해봐야겠어요.

코치 좋습니다. 어떤 걸 시도해보시겠어요?

한 회장 제가 아들 녀석과 먼저 대화를 시도해봐야겠지요. 그리고 집사람과도 대화가 필요하고요.

코치 아드님이 지금 아버지를 향한 분노가 큰데 아버지와의 대화 요청을 어떻게 받아들일까요?

한 회장 아마 쉽게 마음의 문을 열지는 않을 거예요. 그러나 노력은 해봐야겠지요.

코치 구체적으로 어떤 노력을 해보시겠어요?

한 회장 먼저 집 사람과의 관계 회복이 진우에게 도움이 될 거예요. 그래서 집 사람에게 화해 요청도 하고 분위기를 바꿔 밖에서 대화를 좀 해봐야겠어요.

코치 좋습니다. 언제 시도를 해보시겠어요?

한 회장 이번 주 안에 꼭 시도해보겠습니다. 아내와 먼저 대화를 시도하고 진우에게는 무엇을 강요하거나 기대하기보다는 좀 더 기다려주는 시간이 필요할 것 같습니다. 그리고 보니 제가 아버지네요. 회사 일에 정신이 팔려 아버지라는 걸 그동안 잊고 살아왔어요. 아내에게도 새삼 미안한 마음이 듭니다.

한 회장은 실행 계획을 실천할 것을 굳게 약속했다. 한 회장이 세운 실행 계획은 아들 진우와 언쟁하지 않고 아들의 말을 먼저 들어주는 것이었다. 그리고 그동안 섭섭하게 했던 것을 진심으로 사과하기로 했다. 아내와는 대화 시간과 장소를 따로 마련해보기로 했다.

1주일이 지나 진우가 코칭을 받으러 왔다. 그동안 어떤 변화가 있었는지 물어보았다.

"아버지가 엄마와 저한테 요즘 잘하려고 노력하는 게 보여요. 제가 병원에서 퇴원한 후에 아버지가 저한테도 많이 신경 써주시고 엄마도 덜 침울한 것 같아서 저도 오랜만에 '마음이 편한 게 이런 거구나' 생각하고 있어요."

2주 후에 한 회장과 다시 코칭을 했다. 한 회장은 "지난번 코칭 받고 나서 더 이상 가정을 희생시켜서는 안 되겠다는 생각이 들었다"라고 했다.

"사실 그냥 시간이 흐르면 저절로 해결되겠지 하고 미뤄뒀어요. 그런데 코칭 받으면서 계속 이대로 두면 집사람도 애도 나 때문에 평생 병든 삶을 살겠구나, 그런 생각에 정신이 번쩍 들었어요. 아등바등 살다 보니 어느새 성공한 기업가가 되어 있었어요. 회사에서는 늘 지시만 하고 성과, 매출만 신경 쓰다 보니 제 안에 이렇게 많은 모순이 있는 줄 몰랐고, 저 때문에 우리 가족들이 병들어가는 것도 미처 헤아리지 못했어요. 아 참, 지난번 코칭에서 약속한 걸 실천해봤는데 아내가 오랜만에 웃더라고요? 허허."

"어머, 그러셨군요. 어떻게 실천하셨어요?"

"아내에게 회사 근처 카페로 나오라고 해서 편지와 선물을 줬어요. 진심을 담아서 쓰긴 했는데 너무 오랜만에 편지를 쓰려다 보니 어색해서 원…. 그만둘까 고민도 했는데 코칭하며 약속을 했으니 지켜야겠다고 마음먹고 끝까지 썼지요."

"약속을 끝까지 지켜주셔서 코치로서 참 감사합니다."

"사실 아내가 카페에 들어올 때만 해도 시큰둥한 얼굴로 '갑자기 웬' 하는 표정이더라고요. 제가 편지를 꺼내놓으니 그제야 표정이 조금 풀어지며 '집에 가서 읽어볼게'라고 하길래 노력하면 대화를 해볼 수 있을 것 같다는 생각이 들었어요. 그날 아내 앞에서 진심으로 사과를 했고 앞으로 좋은 남편과 아버지가 되기 위해 노력해보겠다고 다짐을 했지요."

한 회장과 코칭을 마치고 연이어 한 회장 부인과도 코칭을 했다.

"남편을 생각하면 용서가 안 되는 부분이 정말 많지만, 시어머니가 당신 아들을 그렇게 키운 부분도 있어요. 당신 자식이 세상에서 가장 잘났다고 생각하며 키우시고 잘못한 부분이 있어도 공부를 잘하니 다 용서가 됐던 거지요. 우리 어머니는 당신 남편한테 인정 못받고 사시면서도 참고 내조하는 게 조강지처의 본분이라고 입버릇처럼 말씀하셨어요. 제게도 남편의 잘못된 행동에 대해 참아야 된다고 하셨지요.

그런 말을 들으면서 반발심만 계속 쌓여왔어요. 그런데 이제는 어머님 생각하면 불쌍해요. 아들 잘되는 것만 바라보고 사셨으니까…."

나는 그녀에게 남편의 노력으로 무엇이 달라질 것이라고 기대하는지를 물었다.

"결혼하고 남편에게 편지를 받아본 게 처음이었어요. 좀 얼떨떨하긴 했는데…. 싸우지 않고 진지한 대화를 해본 것도 오랜만이고요. 특별히 기대하는 것은 없지만, 만약 남편이 계속 노력하는 모습을 보인다면 저도 함께 노력해야겠지요. 제가 밝아지면 우리 아이도 좋아질 거라고 생각해요. 어릴 적부터 엄마 걱정을 무척 하는 아이라…. 이번 일 겪으면서 생각해보니 아이한테 너무 부정적인 아버지 모습만 심어준 것도 있고, 제가 잘못한 부분도 많은 것 같더라고요. 그래도 애들 아빠고 가족들을 위해 돈 버느라 고생도 많이 했는데 평생 비난만 들었으니 조금 미안한 마음도 생겼어요."

한 회장과의 코칭을 마치며 "인생에서 정말 중요한 것이 무엇이라 생각하는지" 물었다.

"가족이라는 핑계로 너무나 많은 것들을 소홀히 대해 왔고 중요하게 생각하지 못했던 것 같습니다. 남자는 바깥일에만 신경 쓰면 된다는 생각이 무의식 속에 자리 잡고 있었던 것 같아요. 가장으로서 책임을 다해야 했지만 가정은 집사람이 신경 쓰면 저절로 굴러가는 건 줄 알았거든요. 근데 진우가 자살 시도를 하고 우리 집사람이 그렇게 힘들어하는 걸 보니 제가 지금껏 잘못 생각하고 살아온 게 분명해요. 정말로 중요한 건 가족이고 그게 무너지면 회사도 지위도 아무것도 아니라는 걸 알게 되었어요."

　나는 한 회장과 코칭을 하며 무척 바쁜 우리나라 CEO들이 한 회장과 같은 실수를 하지 않았으면 좋겠다고 생각했다. 부모와 관계가 서툴거나 대화가 부족하면 성인이 되어서 제대로 된 인격을 갖추기가 어렵다. 몸은 어른이지만 사고방식은 어린아이 수준에 머물고 있는 '성인아이Adult Children'들이 얼마나 많은지 모른다. 부유한 집안에서 태어났지만 인격은 형편없어 눈살을 찌푸리게 만드는 젊은이들도 많이 있다.

　코칭 이후 한 회장의 노력으로 부인의 마음이 많이 누그러져서 우울증 증세가 호전되었고 진우도 어엿한 대학생이 되었다. 코칭을 한 지 2년 정도 지나 그들의 소식을 듣게 되었는데 "아들이 밝게 대학생활을 하고 있다"며 굉장히 기뻐했다. 누구나 한번 쯤은 위기 상황을 겪게 되지만, 가족 간에 일어나는 위기는 사랑의 힘으로만 해결할 수 있다. 모든 CEO는 회사의 CEO이기 이전에 가족 공동체의 일원임을 명심해야 할 것이다.

Self Coaching

"가정에서 나의 모습은 어떠한가?"
"내게 가족은 어떤 의미인가?"
"나는 얼마나 자주 가족들과 대화를 나누는가?"

"아버지처럼 사람 세우는 CEO가 되고 싶어요"

자녀의 롤 모델이 되는 CEO

> 자녀를 가르치는 가장 좋은 방법은 스스로 본을 보이는 일이다.
> _탈무드

"사람들은 저희 아버지를 보고 속으로 비웃습니다. 세상에서 말하는 그럴듯한 직업이 아니기 때문입니다. 그러나 저는 압니다. 저희 아버지는 이 세상에 둘도 없는, 존경받아 마땅한 진정한 리더이자 최고의 CEO입니다."

"와와~ 맞습니다. 진정한 리더, 최고의 CEO입니다!"

학부대학 '섬김의 리더십' 마지막 수업 날, 진한 감동의 물결이 일어났다. 그날 동윤이의 발표 내용은 학생들뿐만 아니라 내게도 큰 감동을 주었다. 그 감동이 아직도 남아 있어 이 책에까지 소개하게 되었다. 나는 연세대학교에서 몇 년째 학부대학 전공기초 과목인 '섬김의 리더십' 강의를 맡고 있는데, 학생들에게 학기마다 다른 주제로 과제를 내준다. 이 수업은 섬김의 리더십에 대한 이론뿐만 아니라, 실천적인 항목을 넣어 학생들에게 직접 섬김의 리더십을 실천할 수 있도록 진행하는 수업이다. 섬김의 리더십은 기존의 권위적이고 전통적인 리더십과 상반되는 개념으로 리더가 부하를 존중하고 그들에게 기회를 제공함으로써 조직과 조직 구성원이 함께 성장하고 진정한 공동체를 이룰 수 있도록 이끌어가는 리더십[29]이다.

수업에서는 현 시대에 섬김의 리더십을 가장 훌륭하게 실천하고 있는 리더 7인을 찾는 과제를 내주었다. 그리고 그들의 리더십을 분석하여 자신에게 적용할 교훈을 찾아 발표하도록 했다. 시간상 모두 발표하기 어려우니 가장 훌륭하다고 생각되는 한 사람을 집중 조사해서 리더 선정 이유 및 소개, 주요활동 및 사회공헌, 러닝 포인트learning point 등을 포함하여 발표하라고 했다. 단, 대상자 선정의 예외 조건은 자신의 부모, 형제라고 공지했다. 그런데 동윤이는 예외 조건을 받아들이지 않고 자신의 아버지 사례를 준비해왔다.

"저는 이 과제를 준비하면서 엄청 고민을 했습니다. 교수님께서 리더를 선정할 때 부모님은 안된다고 하셨지요. 학점에 불이익을 받을 수도 있겠다는 생각이 들어서 몇 번이고 그만두려고 했지만…. 아무리 생각해도 '우리 아버지만큼 리더로서 본을 보인 사람이 없다'라는 생각이 들었습니다. 그래서 학점이 깎일 위험을 감수하고서라도 꼭 아버지의 섬김의 리더십을 발표하고 싶어서 준비해왔습니다."

동윤이는 평소 수업태도가 매우 바르고 성실해서 그 아이에 대한 신뢰가 있었기 때문에 일단 발표를 들어보고 최종 평가를 내리기로 했다.

"사람들이 저에게 '너희 아버지 직업은 뭐야?'라고 물으면 저는 '아버지가 당구장을 하십니다'라고 대답합니다. 그러면 사람들은 잠시 말이 없어집니다. 지금은 시대가 많이 변해서 괜찮지만 제가 어릴 때는 더 그랬습니다. 그래서 저는 언젠가부터 서로 무안하지 않게 '개인 사업하고 계세요'라고 대답을 바꿨습니다. 하지만 저는 지금 우리 아버지가 당구장 CEO인 것을 매우 자랑스럽게 생각하고 있습니다."

동윤이의 발표를 듣고 있던 학생들의 표정이 매우 진지해졌다.

"제가 어릴 때 아버지 사업이 어려워지면서 저희 가족은 고생을 많이 했습니다. 사업이 잘 안 될 때마다 저희는 지방 여기저기를 전전했고요. 그 일로 전학도 많이 다녔습니다. 지금은 소위 명문대 학생이 되었지만 이 대학에 오게 된 것도 솔직히 말하면 아버지 직업과 관련이 있습니다. 저는 고등학교 1학년 때까지 공부와는 거리가 먼 문제아였습니다. 일진이라고도 부르지요? 무단결석을 밥 먹듯이 했고 학교폭력에 가담해 정학도 여러 번 받을 정도였습니다. 고등학교 1학년 때 친구들과 싸움을 하고 1주일 동안 무단결석을 했습니다. 그 후 학교에 간 날, 담임선생님이 저를 불러내 뺨을 세게 후려치시더니 반 애들이 보는 앞에서 '야! 이 새끼야! 너도 너네 아버지처럼 평생 당구장 다이나 닦아라!' 하고 모욕을 주는 말을 했습니다…"

동윤이는 잠시 말끝을 흐리다가 다시 이야기를 이어 갔다.

"제 잘못을 혼내는 건 괜찮은데 아버지 직업을 무시하면서 그런 말씀을 하니 참을 수가 없었습니다. 저는 그 선생님을 죽이고 싶은 충동을 느꼈지만 '어디 두고봐라! 내가 반드시 복수할테다!' 이런 생각을 하며 참았습니다. 그리고 며칠을 학교에 가지 않았습니다. 부모님의 설득으로 다시 학교에 갔지만 자꾸 이 말이 떠올랐습니다. '야! 이 새끼야! 너도 너네 아버지처럼 평생 당구장 다이나 닦아라… 당구장 다이나 닦아라… 다이나 닦아라….' 제가 진짜 복수를 하려면 어떻게 하는 것이 좋을까 곰곰이 생각해보았습니다. 사람을 죽이면 제가 살인자가 되니 그 방법은 절대 안 될 것 같았고, 대신 저와 아버지를 무시한 인간한테 제가 어떤 사람인지 보여줘야겠다는 생각이 들었습니다. 지금 생각해도 이때 결정을 참 잘했다고 봅니다. 왜냐하면 공부로 본때를 보여줘야겠다고 생각했으니까요. 우리 아버지가 선생님한테 직접 피해준 것도 없는데 사랑하는 아버지를 무시한 걸 도저히 용서할 수 없었습니다. 저는 그때부터 무섭게 공부를 시작했습니다. 제가 워낙 공부를 안 했던 터라 어떤 과목들은 중1 교재를 갖고 시작해야 했어요. 제가 본 참고서가 방바닥에서 천장까지 쌓일 정도였으니 정말 열심히 했죠. 고2 여름방학 지나고 성적이 계속 오르기 시작했고 고3때 성적이 아주 좋았습니다. 그래서 지금 여러분들을 만나게 되었습니다."

동윤이는 정성스럽게 준비한 발표 자료를 가지고 당구장 CEO로서의 아버지에 대한 소개를 담담하게 이어 갔다.

"저의 발표 주제는 'Servant leader, My father is my role model' 입니다. 저희 아버지는 지방의 한 대학교 앞에서 당구장을 경영하고 계십니다. 많은 사람들이 '당구장' 하면 유흥거리, 담배연기 같이 부정적인 이미지들을 연상하는데요. 아버지가 운영하시는 당구장은 그런 이미지와는 많이 다릅니다. 요즘 조선족 학생들이 한국으로 유학을 많이 오지요? 아버지 당구장에는 조선족 학생들이 아르바이트를 하며 학비를 벌고 있습니다. 아버지는 한국어가 아직 많이 서툰데도 한국 학생들과 수업을 들어야 하는 조선족 학생들의 어려움을 학교 측에 알리려고 많이 노력하셨습니다. 저의 롤 모델인 아버지는 전 종업원의 중국인화化로 가난한 유학생들을 돕고, 한국말이 서툰 그들을 위해 눈과 비언어적인 행동을 통해 소통하며 최대한 배려를 하십니다. 무엇보다 '당구장 가족학교'를 설립해서 많은 결실을 보고 있습니다. 당구장 가족학교는 2009년도에 설립되어 다음과 같은 활동을 하고 있습니다. 첫째, 매주 토요일 한국어 회화수업을 진행합니다. 조선족 유학생이면 누구나 무료로 참여할 수 있고요, 이 수업은 교사 자격증이 있는 어머니의 도움이 큽니다. 둘째, 한 달에 한 번 중국 현지식으로 외식을 합니다. 셋째, 외식 후 다 같이 목욕을 합니다. 넷째, 목욕 후 집으로 와서 가족처럼 같이 잠을 잡니다. 저는 공적인 자리에서 뿐만 아니라 사적인 자리에서까지 소외된 이웃을 생각하는, 그리고 그들의 마음을 진심으로 경청하고 공감하는 당구장 가족학교 교장인 아버지가 진정한 섬김의 리더이자 저의 롤 모델이라고 생각합니다."

한 학생이 손을 들고 말했다.

"당구장 가족학교 자랑을 좀 더 해주세요!"

"네, 당구장 가족학교 자랑거리가 보기보다 많은데요. 얼마 전 당구장 가족학교 출신 중 'H대학 최초 조선족 출신 강사'가 배출되었습니다."

학생들이 "우와~" 하고 탄성을 내었다.

"자랑거리가 또 있습니다. 인근에서 가장 높은 월급을 제공하고 있다는 점입니다. 작은 당구장이지만 장기 아르바이트 학생을 다수 배출하고 있습니다. 평균 아르바이트 근무연수가 2.5년입니다."

학생들은 또 "와~~" 하고 감탄했다. 한 학생이 손을 들고 질문을 했다.

"그중에서도 당구장 CEO께서 가장 자랑스러워하는 것은 무엇입니까?"

"바로 방학 때 유학생들이 집에 다녀오며 사오는 작은 선물들입니다. 별것 아닐 수도 있지만, 사람 냄새 나는 선물이잖아요. 한번은 어떤 학생이 중국 만두를 비닐봉지에 정성스럽게 싸서 가져왔는데 시간이 지나 쉬어버린 적이 있어요. 그런데 저희 아버지는 그런 마음을 그렇게 고마워하세요."

동윤이는 당구장 CEO에게 배울 러닝 포인트는 "수number가 중요한 것은 아니다"라고 했다. 이 말은 숫자가 중요하지 않다는 것이 아니라 진정한 리더십을 실천하는 데 객관적인 지표는 큰 문제가 되지 않는다는 것이었다.

"당구장 가족학교는 처음부터 중국인 유학생 전부를 대상으로 한 것이 아니라 가게 아르바이트생부터 시작한 것이었습니다. 규모나 숫자에 집착하기보다 진심과 사랑으로 접근한다면, 큰 영향력을 발휘할 수 있는 환경이 차츰 조성된다는 것을 배웠습니다. 또한 당구장 가족학교는 당장 눈에 보이는 이익보다도 장기적인 관점에서 사회적 가치를 바라보았습니다. 이런 점에서 저는 당구장 CEO가 진정한 섬김의 리더십을 실현하는 리더라고 생각합니다. 저도 저희 아버지처럼 사람 세우는 CEO가 되고 싶어요."

동윤이는 발표를 마치면서 멋진 음악과 함께 아버지와 자신이 주고 받은 진심어린 편지글을 공개했다. 동윤이의 편지글이 공개되자 학생들은 발표 시간이 길어진 것도, 시간이 흘러가는 것도 의식하지 못하고 모두 훌쩍이기 시작했다. 나는 동윤이 아버지를 만나보지는 못했지만 정말 훌륭한 분이라고 생각했다. 동윤이는 그날 발표를 마치고 한 달이 지난 후 내게 와서 한 가지를 더 이야기해주었다. 스승의 날에 자기가 그토록 복수하겠다고 다짐했던 담임선생님을 찾아갔었다는 것이다.

"그 당시에는 선생님이 너무 미웠지만, 그 선생님의 말로 지금의 제가 있다는 것을 깨달았어요. 그래서 마음속 원한을 지우고 용서하기로 마음먹었습니다. 막상 선생님을 찾아가려니 어색하긴 했지만 용기를 내서 학교에 다녀왔어요. 그리고 진심으로 감사의 인사를 전해드리고 왔습니다."

나는 그 이야기를 들으며 동윤이는 반드시 미래에 큰 리더가 되리라 확신하게 되었다. 대부분의 사람들은 자신에게 피해준 사람을 용서하지 못하고 불평불만만 늘어놓는데, 젊은 나이에 용서와 관용의 자세를 보여준 동윤이가 정말로 대견해 보였다. 나는 그런 점을 충분히 인정해주고 미래의 훌륭한 CEO, 동윤이를 진심으로 축복해주었다.

동윤이와 동윤이 아버지 사례를 통해 몸소 본을 보이는 것이 얼마나 큰 가르침인지 알 수 있다. 한 조직의 CEO로서 혹은 한 가정의

CEO로서 자녀들에게 어떤 모범을 보이고 있는지 한번쯤 생각해볼 일이다. 또한 조직원들과 자녀들에게 닮고 싶은 롤 모델 역할을 하고 있는지도 점검이 필요하다. CEO에게는 동윤이의 이 말이 최고의 찬사일 것이다.

"저도 저희 아버지처럼 사람 세우는 CEO가 되고 싶어요."

Self Coaching

"가족을 생각하면 어떤 느낌이 드는가?"
"내 자녀들에게 나는 어떤 존재인가?"
"행복한 가정을 위해 어떻게 행동해야 하는가?"

의사소통의 순기능을 강화하는 코칭리더십

의사소통의 순기능을 위해 반드시 필요한 것은?

조직의 목표달성은 기업이 존재하는 목적, 그 자체다. 기업에서 코칭을 의뢰하는 목적을 한 단어로 압축하면 '성과'다. 코칭을 통해 성과를 내기 위해서는 먼저 변화가 일어나야 한다. 변화를 갈망하는 피코치와 변화를 이끌어내는 코치가 만나 시스템을 갖춘 코칭대화 모델을 진행할 때 질문을 통해 반드시 점검하는 것이 한 가지 있다. 바로 조직의 성과향상을 방해하는 '장애요소'가 무엇인지 점검하는 것이다. 장애요소 점검 및 제거는 원활한 의사소통의 순기능을 위해 조직에 반드시 필요한 부분이다. 장애요소를 확인하고 제거하기 위한 질문은 다음과 같다.

① 조직의 성과 향상을 가로막는 장애물은 무엇인가?
② 목표달성에 방해되는 요소는 무엇인가?
③ 장애물을 제거하기 위해 누구와 의사소통해야 하는가?
④ 당신의 조직에 무엇이 누락되었는가?
⑤ 이 장애물을 극복하기 위해 당신이 할 수 있는 최선의 방법은 무엇인가?
⑥ 당신이 장애물 제거를 위해 시도한 일은 어떤 것인가?
⑦ 당신이 그 장애물을 없앨 수 있는 가능성은 얼마나 되는가?
⑧ 모든 한계와 장애물을 없애버린다면 다른 어떤 해결방법이 가능한가?

⑨ 당신과 소통이 원활하지 않는 사람이 있다면 누구인가?

⑩ 잘못될 가능성이 있는 또 다른 요소가 있다면 무엇인가?

치열한 기업 경쟁 환경 속에서 경쟁우위를 확보하는 비결은 목표달성을 방해하는 장애요소를 확인하고 이에 빠르게 대처하는 자세에 달려 있다. 기업코칭에서 조직내 의사소통 문제는 성과향상을 가로막는 장애요소이자 경쟁력을 약화시키는 요인으로 자주 등장하고 있다. 또한 상사와 부하직원간에 의사소통이 되지 않으면 결국 조직 내 갈등을 초래하고 의욕이 저하되는 악순환을 가져오게 되어 있다. 조직 내 원활한 의사소통의 긍정적인 대안을 도출하기 위한 코칭식 전략 가운데 하나는 의사소통의 순기능을 강화하는 것이다.

의사소통의 역기능과 순기능

변화하기 위해 아무리 새롭게 마음먹어도 위의 '장애요소 확인·제거 질문'에 자유롭지 못하다면 조직 안에서 소통이 되지 않으면 결국 감정 갈등을 유발하여 성과저조로 이어지기 마련이다. 한마디로 의사소통에도 역기능적인 측면과 순기능적인 측면이 있는 것이다. 의사소통의 역기능적인 측면은 상사와 직원간의 불신을 가져오고 개인적인 반감을 초래한다. 그러나 의사소통의 순기능적인 측면은 상사와 직원간의 신뢰를 바탕으로 상대방의 강점을 인정해줌으로써 조직의 성과를 기대할 수 있다. 의사소통에서 역기능의 결과는 결국 의욕 저하의 악순환을 만들고 순기능의 결과는 의욕 고취의 선순환을 만든다. 이들의 시작점의 기준은 바로 '신뢰'다. 신뢰는 '감정적 신뢰'와 '이성적 신뢰'로 나뉘기도 하는데 이것은 '진정성'의 유무에 따라 나뉜다.

의사소통의 순기능을 강화하는 코칭리더십

의사소통의 순기능적인 측면을 강화하고 이를 개발해내는 방법 중 하나가 '코칭리더십'이다. 코칭리더십은 코칭과 리더십이 조합된 언어다. 코칭리더십은 코칭이론을 근거로 리더십을 적용한 것이다. 리더는 조직 구성원이 자신의 잠재력과 강점을 발견하여 조직의 성과를 높일 수 있도록 긍정적인 피드백을 제공하며 창의성을 도모하여 구성원의 성장 가능성을 촉진시켜준다.

의사소통의 순기능을 강화하는 코칭리더십의 실천적 방법은 크게 세 가지 기술로 요약될 수 있다. 단순하지만, 매우 강력하다.

첫째, 관점의 변화다. 리더가 조직 구성원에게 긍정적인 영향력을 발휘할 수 있으려면 우선적으로 존중과 배려의 관점에서 그들을 바라보아야 한다. 모든 의사소통의 기본은 상대방에 대한 존중과 배려에서 시작되며 그런 관점의 실천이 바로 코칭리더십이다.

둘째, 경청의 자세다. 리더는 의사소통시 자신의 자아를 배제하고 편견, 선입견, 가치판단을 내려놓은 상태 즉, 에고리스한 상태에서 상대방의 이야기를 들어주는 경청의 자세가 매우 중요하다. 리더가 경청할 때 부하직원의 마음이 열린다.

셋째, 좋은 질문의 활용이다. 앤서니 라빈스Anthony Robbins는 "성공하는 리더는 더 좋은 질문을 던지기 때문에 더 좋은 답을 얻는다"라고 했다. 코칭은 특정한 판단에 근거한 유도 질문은 피한다. 조직 내에서 리더로서 어떤 질문을 던지냐에 따라 조직 구성원의 몰입도와 직무 만족도가 달라진다.

소통이 잘되는 상사가 되기를 원한다면 '상대방을 바라보는 관점'을 달리해보자. 새로운 것이 보일 것이다. 그리고 그들의 이야기를 진실되게 '경청'하며 생각을 열어주는 '질문'을 던져보자. 조직의 변화가 시작될 것이다.

참고문헌

1. John P. Kotter·James L. Heskett, Corporate Culture and Performance, New York: The Free Press, a Division of Macmillan, Inc, 1992.
2. 짐 콜린스, 《위대한 기업은 다 어디로 갔을까》, 서울 : 김영사, 2010.
3. 게리 콜린스, 《코칭 바이블》, IVP, 2011.
4. 이지성, 《꿈꾸는 다락방》, 서울 : 국일미디어, 2008.
5. 김옥림, 《명언의 탄생》, 서울 : 팬덤북스, 2014.
6. 에노모토 히데타케, 《부하의 능력을 열두 배 키워주는 마법의 코칭》, 황소연 역, 서울 : 새로운 제안, 2004.
7. Jennifer Benson Schuldt, '곧바른 엄지손가락', 〈오늘의 양식〉, 2014. 8.
8. Pat McLagan, Great ideas revisited: Competency models creating the future of HRD, Training and Development, 1996, 50(1).
9. 토마스 G. 크레인, 《코칭의 핵심》, 김환영·홍석기·김태홍 역, 서울 : 예토, 2006.
10. 카민 갤로, 《리더의 자격》, 사윤정 역, 서울 : 북하이브, 2012.
11. 대니얼 앨트먼, 《10년 후 미래》, 고영태 역, 서울 : 청림출판, 2011.
12. 파이낸셜 뉴스, 김병용 기자, 2015. 1. 28.
13. 장치진, 《성공한 세계 500대 기업의 경영 전략》, 최옥영 역, 서울 : 시그마북스, 2009.
14. 헤럴드 경제, "직장인들이 가장 같이 일하고 싶은 CEO 유형은", 2012. 5. 4.
15. 토마스 G. 크레인, 《코칭의 핵심》, 김환영·홍석기·김태홍 역, 서울 : 예토, 2006.
16. David F. Larcker·Stephen Miles, "Executive Coaching Survey", 2013년 CEOs, senior executives and non-executive directors 203명 대상, Stanford University & The Miles Group survey 실시, 2013.

17. 심철, 〈한국 벤처기업의 시장지향성, 지식창조능력 및 신제품경쟁우위에 관한 연구〉, 계명대학교, 2001.

18. Karen A. Jehn, A multimethod examination of the benefits and detriments of intragroup conflict, International Journal of Conflict Management, 1995, 5: 223-238.

19. 앤드루 데이비드슨·마셜 골드스미스 외 저, 《1000명의 CEO》, 주민아 역, 서울 : 21세기북스, 2010.

20. 전성철·한철환·조미나, 《가치관 경영》, 서울 : 쌤앤파커스, 2011.

21. 조선일보 위클리비즈, 이신영 기자, "마진 15% 넘으면 상품 가격 내린다", 2012. 8. 18.

22. 서우경, 《NLP 전인코칭》, 연세대학교 출판부, 2008.

23. 잭 웰치, 수지 웰치, 《잭 웰치, 위대한 승리》, 김주현 역, 서울 : 청림출판, 2005.

24. 헤럴드 경제, "한반도 지진 위험… 100년간 세계 지진지도 보니", 2012. 7. 9.

25. 비벡 라나디베·캐빈 매이니 저, 《2초, 1인자에게만 허락된 시간!》, 오혜경 역, 서울 : 21세기북스, 2012.

26. 대니얼 앨트먼, 《10년 후 미래》, 고영태 역, 서울 : 청림출판, 2011.

27. 인터넷 자료. http://cowboy4330.blog.me/110164937676.

28. McAllister, D. J., Affects and cognition-based trust as foundations for interpersonal cooperation in organization, Academy of management Journal, 1995, 38.

29. 최수형·조덕영·조태현, 〈경영자의 서번트 리더십이 기술경영 성과에 미치는 영향에 관한 연구 : S기업의 통신망 구축/운용을 중심으로〉, 한국인적자원관리학, 인적자원관리연구 18(2), 2011, pp.85~101.

무엇이 CEO를 만드는가